汉语否定副词“不”研究

HANYU FOUDING FUCI
“BU”YANJIU

赵明 宋雨涵 许漫 著

四川大学出版社

项目策划：吴近宇
责任编辑：吴近宇
责任校对：张伊伊
封面设计：墨创文化
责任印制：王　炜

图书在版编目（CIP）数据

汉语否定副词“不”研究 / 赵明，宋雨涵，许漫著
. — 成都 : 四川大学出版社，2020.12
ISBN 978-7-5690-4408-9

Ⅰ. ①汉… Ⅱ. ①赵… ②宋… ③许… Ⅲ. ①汉语—否定（语法）—研究 Ⅳ. ①H146.3

中国版本图书馆 CIP 数据核字（2021）第 012486 号

书名　汉语否定副词“不”研究
HANYU FOUDING FUCI “BU” YANJIU

著　　者　赵　明　宋雨涵　许　漫
出　　版　四川大学出版社
地　　址　成都市一环路南一段 24 号（610065）
发　　行　四川大学出版社
书　　号　ISBN 978-7-5690-4408-9
印前制作　四川胜翔数码印务设计有限公司
印　　刷　四川盛图彩色印刷有限公司
成品尺寸　170mm×240mm
印　　张　8.5
字　　数　169 千字
版　　次　2021 年 2 月第 1 版
印　　次　2021 年 2 月第 1 次印刷
定　　价　36.00 元

◆ 读者邮购本书，请与本社发行科联系。
电话：(028)85408408/(028)85401670/
(028)86408023　邮政编码：610065
◆ 本社图书如有印装质量问题，请寄回出版社调换。
◆ 网址：http://press.scu.edu.cn

四川大学出版社
微信公众号

前　言

否定与肯定一起，构成了人类认知系统中最基本的语义范畴之一。作为否定意义的常见表现形式，否定词成为自然语言不可或缺的组成部分。从甲骨文到现代汉语，否定词历经了三千多年的发展变化。其中，有的否定词逐渐消失而只作为古汉语遗留保存在字词典或书文中，有的则历经千年仍具有鲜活的生命力，“不”属于后者。

“不”和“没（有）”“别”“甭”等一起，构成了现代汉语最常用的否定副词系统。为进一步深入认识了解“不”的性质及特点，本书从历时形成、意义用法以及儿童习得等不同角度入手，通过历时与共时相结合的方式，在深入考察的基础上，运用多种研究方法，初步勾勒出“不”的用法及其沿革，详细剖析了“不”的产生发展和习得过程。全书重点描述了否定副词“不”在用法分布、主观客观、时制时态等方面的特点，并将“不”与常用否定副词“没（有）”“别”进行比较，大体归纳出现代汉语否定表达的基本类型和特征，以揭示现代汉语否定现象的规律。本书对拓宽语言研究范围、认识语言本质以及对外汉语词汇语法教学等都有一定的参考价值。

第一章从研究范围对象、研究历史现状、研究语料来源等方面阐述了“不”字的研究概况，是全书的理论和方法基础。第二章主要从上古汉语入手，描写分析“不”的常见用法和意义。上古汉语中的“不”通常表示判断或陈述性的否定，其语法功能较为灵活，可以修饰限定包括名词、动词、形容词、数词等在内的多种不同词类。

第三、四章在借鉴赵明硕士论文成果的基础上，对否定副词“不”做了多方面描述考察，是全书的重点部分。第三章从现代汉语共时平面角度描写概括了否定副词“不”在用法分布、主观客观、时制时态等方面的特点。第四章则从用法分布、主观客观和时制时态三个方面，将“不”与类似否定副词“没（有)”“别”进行比较，使“不”的特点更加明晰。

第五章进一步分析考察了汉语儿童在早期习得“不”的过程中呈现的阶段特征、分布类型、语用类型、误用现象以及有关的习得机制等问题，这对推进母语教学及儿童发展心理学等方面的研究具有一定的参考价值。第六章是全书的总结部分。

本书第一章绪论、第六章结语部分由赵明、宋雨涵、许漫三人共同完成，第二章历时描写部分由宋雨涵执笔，第三、四章共时描写部分由赵明执笔，第五章儿童语言习得部分由许漫执笔，三人共同统校全书。

作　者

目　　录

第一章　绪　论

1.1　研究范围对象

文贞惠（2003）认为："否定跟肯定一样，是人们认知客观世界，把握、表达客观世界的重要范畴。人们在认知、交际过程中，几乎都要对事件、性状、动作等进行否定表达。否定范畴的研究具有自身的理论价值，一定程度上揭示人类认知世界时在语言表达中的规律性。目前的汉语语法研究，已注意到否定表达所具有的独特作用，认识到它在汉语语法中所占的地位不容忽视。"

语言的否定表达，在语言运用实际和语法研究等方面都有着极其重要的作用，这是语言运用及研究的共识之一。就汉语而言，否定表达的运用和研究都取得了较为丰富的成果，比如部分否定副词的单独研究、否定副词的比较研究等。但也要看到，汉语否定副词及其系统研究还存在一些问题，如副词的归属和分类，学界尚未对其达成共识，否定副词的历时演变问题研究不够深入，否定副词的用法及意义描写分析不够细致，否定副词的习得问题解释还不够有说服力等。这些问题都有待继续加强和深入的研究。

1.1.1　汉语副词的归属和分类

自《马氏文通》以来，关于副词归入虚词还是实词的问题，学界一直存在分歧，归纳起来大致有三种观点：一种认为副词属于虚词，一种认为副词属于实词，一种认为副词介于虚、实之间。从语法功能来看，副词可以充当状语，应当归入实词；但是，副词还具有一些虚词才具备的特点，如数量相对稀少、位置相对固定等，从意义虚实来看，副词的意义很大一部分是语法意义，这恰恰体现了虚词的本质特点。而实际情况则更为复杂，张谊生（2014：4）指出，副词的意义有的比较空灵，有的已经虚化，但也有一部分尚且实在：有的以表示语法意义为主，有的以表示词汇意义为主，有的以表示概念意义为主，有的则以表示逻辑意义为主。

从历史传统观点看，从古至今，副词研究在虚词研究中一直占有非常重要的地位，各类虚词词典几乎都包括副词，“副词属于虚词”的观念已深入人心。马真在《现代汉语虚词研究方法论（修订本）》（2016：3～6）中把副词归入虚词，并指出：“我们把副词归为虚词，无意来否定他人把副词归为实词的看法。正如不少人都谈到，分类，或者说归类，有一定的相对性。……就我们所描写的语法系统说，我们觉得把副词归入虚词更好一些。”本书拟采用马真的观点，将汉语副词归入虚词。

汉语副词是一个十分庞杂的系统，系统内部均质性差，系统成员个性强，再加上汉语没有形态标记，导致副词问题异常复杂。不同辞书、同一辞书的不同版本对副词的认定和收录均存在一定差异。从 2005 年第 5 版起，权威语文辞书《现代汉语词典》才开始对所收录的约 65000 个词条全面标注词性，经粗略统计，共有约 1100 个副词，这为弄清现代汉语副词的总体数量提供了便利。张谊生在《现代汉语副词研究》（2014）中指出，从发展的角度看，现代汉语的副词实际上仍然处在由实转虚的过程中，是一个动态的、可变的范畴，其范围永远是相对的，以比较宽泛的标准界定，副词总共有一千个左右。现代汉语副词范围统计相关问题，具体可以参照张谊生《现代汉语副词分析》（2014）中“附录　现代汉语副词范围统计对照表”（注：三本不同辞书收录现代汉语副词数量分别为 1162 个、1121 个、1114 个）。

至于现代汉语副词究竟分为多少类，各家观点不一，甚至分歧很大。影响较大的观点如下。朱德熙（1982）提及下列五类：重叠式副词、程度词、范围副词、时间副词和否定副词；白丁（1986）将副词分为七类：关联副词、语气副词、重复副词、范围副词、时间副词、程度词和否定副词；黄河（1990）将副词分为十一类：语气副词、时间副词、总括副词、限定副词、程度词、否定副词、协同副词、重复副词、方式副词、类同副词和关联副词；胡裕树（1995）将副词分为六类：程度副词、情状副词、时间和频率副词、范围副词、否定副词、语气副词；张谊生（2014）的分类法见表 1－1“张谊生现代汉语副词分类表”；王力（2000）将副词分为八类：程度副词、范围副词、时间副词、方式副词、可能性和必要性副词、否定性副词、语气末品和关系末品；邵敬敏（2001），按照主要义项把副词大致分为五类：程度副词、范围副词、时间副词、否定副词和语气副词，其中，否定副词包括“不”“没”“甭”“别”和“没有”；邢福义（2003）将副词分为七类：程度副词、范围副词、时间副词、频率副词、否定副词、语气副词、关联副词；黄伯荣、廖序东（2002）将副词分为七类：表示程度的，表示范围的，表示时间、频率的，表示处所的，表示肯定、否定的，表示情态、方式的以及表示语气的。

表 1—1　张谊生现代汉语副词分类表

副词类别		例词
评注性副词		究竟、简直、也许、显然、似乎、仿佛、明明、索性
限制性副词	关联副词	却$_2$、才$_4$、又$_2$、还$_2$、再$_2$、也$_3$、就$_4$、既
	时间副词	马上、立刻、永远、已经、刚刚、猛然、终于、快要
	频率副词	频频、往往、渐次、常常、时时、经常、继而、偶尔
	范围副词	都$_1$、全、只、唯独、仅仅、单单、统统、一律
	程度副词	很、更$_1$、最、略、极、非常、稍微、极其、特别
	否定副词	不、没、别$_1$、未、休、甭、勿、白、空、干、瞎
	协同副词	一起、一道、一同、一块儿、一齐、一并、一总、一例
	重复副词	再$_1$、又$_1$、重、一再、再三、再度、从新、重新
描摹性副词		全力、竭力、亲自、徒步、随手、偷偷、悄悄、迥然

注：“却$_2$”“才$_4$”等表示多种用法之一，张谊生原书即按此标记。

1.1.2　本书研究范围及对象

语言往往通过否定词来表达否定意义。一种语言通常有一个否定词系统，包括不止一个否定词。汉语的否定词系统分古代汉语的否定词系统和现代汉语的否定词系统，二者差异很大①。古代汉语中的否定词有很多，系统成员庞杂，多为方言的和历时的集合，比如“不”“非”“棐”“匪”“弗”“靡”“蔑”“莫”“末”“罔”“未”“未尝”“未曾”“未必”“未省”“亡”“无”“无宁”“唯无”“曼”“漫”“谩”“否”“否则”“没的”“没得”“毋”“毋宁”“唯毋”“勿”“休”“别”等。这个系统经过长期发展演变，到现代汉语中，成员数量已大大减少，常用的主要有“不”“没”“没有”“别”“甭”等。“不”属于普通否定词，“没”和“没有”属于存在否定词，“别”和“甭”属于祈使否定词，它们恰好构成了一个语

① 本书中，“汉语的否定词系统”只包含有标记的否定词现象，不包含无标记的否定现象。

用分工对立互补的三分系统，即现代汉语的否定词系统。

关于这几个否定词的词性，汉语研究界历来存在争议。高名凯（1957）虽然没有明确指出否定词应该是什么词，但认为否定词不见得是副词。吕叔湘（1982）对这些词只是冠以“否定词”的称呼，对它们的词性却未做区分。朱德熙（1982）认为只有“不”是真正的否定副词，其他的都是动词。王力（1985）认为“不”“别”“没有”（当“未”字用时）等是副词，“无”是动词。张谊生（1996/2000/2014）和邵敬敏（2001）都把“不”“没”“没有”“别”“甭”归类为否定副词。黄伯荣、廖序东（2002）把它们一律划归副词。本书基本采用张谊生和邵敬敏的观点，把“不”“没”“没有”“别”“甭”归为否定副词类。

在现代汉语否定系统中，否定副词“不”占有举足轻重的地位。为进一步深入认识和了解汉语否定副词，本书拟以“不”为主要研究对象，深入分析其意义发展、语法功能、语义语用特征以及儿童语言习得过程的一般规律。在与之相似的否定副词的界定和处理中，根据吕叔湘（1985）的观点，“没有”是“没”的一个变体。为方便起见，本书把“没”和“没有”写作“没（有）”，作为同一个词对待。侯学超主编的《现代汉语虚词词典》（1998：24）对“甭”的解释为：“副词。‘不用’的合音。方言词。用于北方话口语。”鉴于“甭”为方言词，使用范围有限，本书不予讨论。

1.2 研究历史现状

1.2.1 “不”的单独研究

现代汉语中否定副词的数量相对较少，常用的有“不”“没（有）”“别”等。要深入认识和理解汉语否定系统，需要对该系统中常用否定副词进行全面的分析与研究。需要注意的是，常用否定副词研究本身要求研究者必须有意识地从语法功能、语义特征、语义背景等多个角度、多个层面、多个方位进行深入的考察、分析和研究。汉语常用否定副词“不”的单独研究，在这些方面就取得了一定的成绩。

林裕文（1956）提出，现代汉语中的“不”不能否定名词，通常只否定动词和形容词，有时也否定助动词和副词等。他认为当名词接上“不”，如“不科学”等，其性质已经变为形容词。像“不冠不履”中的“冠”和“履”，在古代汉语中是名词，在现代汉语中则应将其理解为动词，意为“不戴帽子”“不着鞋子”。所以“不”是用来鉴别名词与动词、形容词的有效“试剂”。吕叔湘（1980）认为"不"有两种词性。"不"作副词时，主要有两种用法：第一，单用，回答问话，表示与问话意思相反，也用来更正自己说的话；第二，用在动词、形容词或个别副词前，表示否定。"不"作助词时，放在动结式、动趋式复合动词的两部分中间，表示不可能，跟表示可能的"得"相对，轻读。肯定式和否定式连用表示疑问。邢福义（1982）讨论了"不"字独说的两种作用：一种是"简明否定"，另一种是"修订引进"：前者应算独词句，而后者不应算独词句，就是一个插说成分。李瑛（1992）通过对能同"不"直接组合的词与不能同"不"直接组合的词的比较，发现凡语义中含有主观因素的词均能够被"不"直接否定，那些表示不受主观因素影响的客观性行为、事物的词语不能用"不"否定。另外，李瑛的文章还发现成对的体词加上"不"能表达说话者的某种看法，如"不前不后"意为位置恰到好处；成对的、表示纯客体的词一旦加上"不"就带上了评论色彩。黄谷（2001）对否定副词"不"的单独使用情况做了论述，他把"不"单独使用的情况分成几类，并对该情况展开了语用和语义的考察。陈柯言（2014）立足于"X不X"反复问句，结合语言学的理论知识，根据具体的语言事实，分析了现代汉语口语中否定副词"不"的虚化现象，探索由否定副词"不"到语气词"不"的语法化过程：语义方面表现为否定语义逐渐消失，句法方面表现为否定副词"不"句法特征的衰减。刘丹青在《实词的叹词化和叹词的去叹词化》（2012）一文中分析的否定副词"不"由非叹词转化为叹词实例中，提出"否定副词'不'，独立用作否定应答语时，就不再是否定副词，而是已经叹词化"，且把它看作与英语否定应答语"No"相当的词。就这一问题，赵则玲（2015）结合现代汉语口语实际，得出了不同结论，否认否定副词"不"已经"叹词化"，提出可将独立应答的"不"看作否定副词的省略用法。

1.2.2　否定副词"不"的比较研究

马真在《现代汉语虚词研究方法论》（修订本）（2016：132）一书中指出，比较是分析、研究虚词最基本的方法："比较分析，是语法研究中最基本的分析手段之一，更是虚词研究最基本、最有效的一种分析手段。"语言学界对"不"的研究多是在对否定系统的描写分析中进行的：张玉金（2001）、冯春田（1984）、魏德胜（2000）等考察了甲骨文、睡虎地秦简等上古文献中否定词"不"的各种用法；太田辰夫（1987）则在《论语》《孟子》等专书的常用否定词系统考察中对"不"有详细的描述。在否定系统内，将"不"与之类似的"弗"作比较的，则包括了从东汉何休到现代语言学家丁声树等人。之后，相继有何乐士、陈炜湛、周生亚等分别从"不"的语法、语义、语用、专书使用情况、对比分析等多个不同角度深入系统地对古汉语中的"不"进行了描写分析。

在现代汉语中，具有代表性的成果主要有以下研究。

在比较“没（有）”和“不”时，吕叔湘（1980）指出：第一，“没（有）”用于客观叙述，限于指过去和现在，不能指将来；“不”用于主观意愿，可指过去、现在和将来；第二，“不”可用在所有的助动词前，“没（有）”只限于“能、能够、要、肯、敢”等少数几个，比如“不会讲”“不该去”“不可以用”“不应该问他”“不愿意走”，都不能用“没（有）”；另外，“不”和“助动+动”组合有五种形式：“不能去”“能不去”“不能不去”“能不能去?”“能去不能?”；“没（有）”只有一种形式：“没能去。”卢甲文（1983）把作为动词的“没有”排除在外，从语法意义和语法功能上比较了作为副词的“不”和“没（有）”。吕叔湘（1985）认为，从语义上看，“不”的作用是单纯的否定，“没（有）”既是完成态（了）的否定，同时也是经验态（过）的否定。陈垂民（1988）从语义色彩和否定对象入手，分别阐述了“不”和“没有”的不同应用范围。石毓智（1991）认为现实世界的量可分为两种基本类型：离散性质的和连续性质的。石毓智曾经把三个基本词类的数量特征概括为：第一，名词属于离散量而不属于连续量；第二，形容词属于连续量而不属于离散量；第三，动词既属于连续量又属于离散量。他认为“没”和“不”的基本分工是：“没”否定具有离散量语义特征的词语，“不”否定具有连续量语义特征的词语。名词只有离散性质，所以只能用“没”否定；形容词的主要语义特征是连续的，所以在其否定上，“不”最为自由；动词具有双重的数量特征，所以它们可以自由地被两个否定词否定。史锡尧（1995）认为，“不”否定一种动作或活动时，表示了说话人的主观意志，并且是在否定尚未发生的情况下。“没”否定一种动作或活动时，是客观地说明，并且否定的是过去的情况。万莹（2001）在“不”和“没（有）”的比较研究方面做了较为深入的探索，其文章在以往研究成果的基础上试图将形容词和动词的否定考察统一起来，运用时体理论证明“不”和“没（有）”否定副词用法分工的根本原因是“不”的“泛时性/无时性”特点和“没（有）”的“经历性/过程性”特点。万莹的文章分五部分讨论了“不”“没（有）”与动词、形容词、结构类型、情状类型及时体的关系。璩银吉（2002）从“不”“没有”的分布特点，“不”“没有”和动词、形容词结合所反映的语义特点，以及有关“不”“没有”用法的专题讨论三个方面对“不”和“没有”进行了比较分析。刘月华等（2001）认为，“不”和“没（有）”无论在意义上还是在形式上都具有一定的区别，并按照动词的分类区别了二者的异同。张谊生（2006）根据主观化理论认为，“没”和“不”是主观量标记词，用于减量强调。从分布范围看，“没”不但可以标记时间关系、量度关系，而且可以用在概数词“两”和含有概数的述宾短语前面，而“不”只能用于时间关系，并且已经呈现出一定的语素化倾向。王欣（2007）运用认知背景下的事件语义学理论分析了否定副词“不”和“没（有）”

的语义差别，并指出：作为事件否定词，“不”是未然事件否定词，“没（有）”是已然事件否定词；作为状态否定词，“不”是内部状态否定词，“没（有）”是外部状态否定词。文章还论证了该分析在概括性和解释力上都优于传统的语义描写和语义特征分析。张家铭（2012）从一般语言学基础理论的角度对否定形式的表达进行了分析和阐述，并对否定副词“不”和“没”各自的用法及分工进行了辨析，最后就这个议题在对外汉语教学的实际应用方面给出了一些建议。贺倩（2015）从分析“不”和“没”研究误区上入手，较有新意地从静态否定、动态否定的角度探讨了“不”和“没”在用法上的区别。李笑笑（2015）在总结和参考前人研究的基础上，主要从语义分析出发，重点研究了现代汉语否定副词“不”和“没有”在表示否定时的根本区别。

对于“不”和“没（有）”的主观性和客观性问题，现代汉语语法学界已经做了不少研究工作。如赵元任（1979）、吕叔湘（1980）、朱德熙（1982）、马庆株（1988）、李瑛（1992）等都曾就该问题进行过探讨。其观点可大致概括如下：“不”用在谓词前面，表示说话者或施动者的主观动机或意愿，也可以对某种将要进行的行为或某种将要发生的情况进行主观评价、认识以及否定性评述。“不”除了可以用于说话时的过去，还经常用于从说话时的现在开始到将来。“没（有）”也用在谓词前面，否定客观事实或客观效果，即过去可能发生或者经验性的动作和行为，而不管说话者或施动者的主观意愿，因而否定客观事实的“没（有）”就常常跟现在和过去的行为或事件联系在一起。白荃（2000）对此进一步解释：“‘不’主要是从主观的角度否定动作发出者（主语）发出某个动作行为的主观意愿或说话者的主观评价，……经常用于现在或将来，也可以用于过去；‘没’是从客观陈述的角度否定某种客观事实，所谓客观事实包括动作的发生、进行、完成，或过去的经历，经常用于过去和现在，在一定条件下（假设句、估计句）也可以用于将来。”聂仁发（2001）从语义特征及时间意义研究了否定副词“不”和“没（有）”，他采用二分法继续分离“不”和“没（有）”，并区分了二者的语义和时间意义，其中包括“不”（+意愿）的特征。

在现代汉语领域，学者们已从多个角度进行了深入的探讨。相对来说，在儿童习得领域，“不”的习得研究起步较晚，主要研究包括：周国光（2002）重点考察了汉语儿童语言中的“不”及相关的否定结构在句法平面的分布状况，“不”在语义平面的语义指向及其否定焦点的状况。傅满义（2006）归纳了1~5岁汉语儿童“不”字否定句的语用类型，并重点分析了儿童构建预设的方式及儿童语用能力的发展，作者对汉语儿童建构否定预设方式的考察也证实了意大利学者沃尔泰拉等人的研究，这从侧面反映了不同母语的儿童在语言习得过程中存在一定的普遍规律。张云秋、王忠玲、肖永华（2006）以成人语言否定结构为参照框架，对4岁前汉语儿童的否定结构类型和否定标记的误用进行了研究，并得出以下结论：第一，早期儿童已初步具备了对否定范畴的认知能力，但仅限于掌握比较典型的结构类型；第二，习得过程中存在很多错误，该阶段儿童对事件的时间性、对事件的主观反映以及事物在“量”上的性质认识尚不清晰，语用及交际能力相当不完整。彭小红、易叔儒（2011）根据对两名 1～3 岁儿童长期跟踪形成的语料，分析了儿童早期否定习得的误用现象，并将语料中含否定误用句型分成三大类：分工误用、句法误用和语义误用，同时还考察了否定误用产生的原因，提出了帮助儿童习得语言和习得第二外语的可行性策略。

另外，还有汉外否定比较研究，即将具有相似性的汉语中的某一否定副词或某一否定语法现象，与外语中的某一否定副词或某一否定语法现象进行比较研究。目前，这类比较研究相对较少，其中，汉英比较研究相对来说多一点。使用这类方法研究的文章如张孝忠（1984）《“不”和“没有”用法举例——兼与英语“not”和“no”的比较》、陈平（1991）《英汉否定结构对比研究》、庞真姬（2006）《汉语否定词“不”和“没”与韩国语对比及其教学》、潘鸿峰（2008）《汉越常用否定词对比研究》、李志贤（2009）《现代汉语否定词“不”和“没（有）”及韩国语否定词比较研究》、何阮恒娥（2012）《汉越否定式的对比研究》、刘娟（2015）《汉越否定对比研究》、关楠（2015）《汉语印尼语否定形式的对比研究》等。

总体来看，汉语否定副词研究在副词定性、分类、辖域、对比分析、语义指向、儿童习得等方面已经有了较为深入的研究，取得了一定的研究成果。但我们也要看到，在语言的发展变化中，汉语否定副词出现了一些新的用法和语义功能；同时，由于汉语否定副词是一个特殊的词类系统，学者在上述问题中还存在一些分歧和争议，如副词词性描述、语法功能以及个别副词的特殊用法等。要进一步深入认识汉语否定副词系统、了解汉语否定副词的发展历史、理清汉语否定副词的语义语法功能，还需要对汉语否定副词作较为全面的分析描写。鉴于此，本书拟在前人研究的基础上，以汉语否定副词“不”作为研究对象，通过描写、对比、分析、解释等不同手段，探究“不”的历史来源、语义语法功能（包括用法分布、主观客观、时制时态）、儿童习得等问题，在历时与共时结合的基础上，全面挖掘否定副词“不”的用法和功能，力求为汉语否定副词研究提供更为新颖的研究角度和思路。

1.3 研究语料来源

为使研究更趋于严谨理性，避免偏颇，本书在历时研究、共时研究、儿童习得研究等各个层面，都采用了大量用例进行分析佐证。例证来源广泛，出处明晰，在一定程度上为否定副词“不”的全面研究提供了扎实的材料基础。本书的研究语料主要来自以下几个方面：

（1）先秦典籍文献；

（2）北京大学中国语言学研究中心现代汉语语料库（简称 CCL）；

（3）北京语言大学现代汉语语料库（简称 BCC）；

（4）CHILDES 系统（儿童语言数据交流系统）普通话儿童口语语料库；

（5）《人民日报》中的语言用例；

（6）现代文学作品，比如鲁迅、老舍、钱锺书等人的作品（对取自 CCL、BCC 语料库的文学译著不再注明译本）；

（7）词典工具书、语言研究学术论著中的语言实例；

（8）互联网用例。

第二章　“不”的形成及其意义发展

从对自身及其赖以生存的环境产生主观认知开始，人类的思维和表达系统中就存在“肯定与否定”这一组特定认知方式，否定性的认知和表达也因此成为人类表义系统中不可或缺的部分。在语言中，否定意义的表达多由否定词系统来承担，所以否定词系统是人类语言最早产生的表义系统之一。汉语否定词系统的产生和形成最早可以追溯到古人使用甲骨文的时期，从文献史料记载来看，该系统中曾先后出现过“不、非、弗、否、无、未、微、莫、没（有）”等不同形式和意义的否定词。它们承担了汉语语言系统从叙述、禁戒、疑问到假设的全部否定任务，在三千多年的变迁中，细致深入地反映了汉语否定系统的发展变化。这些否定词，有的被现代汉语继承，有的则逐渐退出语言运用的现实舞台，“不”属于前一种。

在国家语言文字工作委员会发布的《现代汉语常用字频度统计》中，“不”的使用频度排在第五位，在现代汉语中具有极高的使用频率，古代汉语中也是如此。产生于古人使用甲骨文时期的“不”字，是上古汉语最常见的否定词之一。据何乐士（1994：93－133）统计，《左传》中 11 个否定副词共出现 4600 多次，“不”占到总数的 77％。廖强（2003）发现《韩非子》中否定词“不”一共出现了 3009 次，是该书中出现次数最多的否定词。刘黎（2004）发现《孟子》中“不”字的使用达到 1084 例，远远超过同类否定词。这几组数据充分说明了上古汉语中否定词“不”有着极高的使用频率。作为上古汉语中最活跃的否定词，“不”字承担了包括判断否定、禁止否定等在内的不同否定意义，它能跟形容词、动词在内的多种不同词类组合，从语义上否定所指对象的性质、状态动作，从而在语境中产生独特的语用效果。

语言学界对“不”的研究大多是在对否定系统的描写分析中进行的：张玉金（2001）主要从甲骨文系统中考察了“不”的用法，冯春田（1984）、魏德胜

(2000) 主要从睡虎地秦简中否定词的对比研究中来探讨“不”，太田辰夫(1987) 则在《论语》《孟子》等专书的常用否定词系统考察中对“不”有详细的描述。更多的研究集中在“不”的系统性对比分析上，其中关于“不、弗”的对比分析是深入研究“不”字意义特点的重要领域。汉代经学家何休、郑玄首先区别了“不、弗”在语气上的深浅之别，在此基础上，清人段玉裁详细分析了二者古音的异同，并进一步明确了“不、弗”在语用、语义上的不同。丁声树(1935：967—996) 在《释否定副词“弗”“不”》中从汉语语法学的角度出发，分析了“不、弗”对所修饰动词及其宾语性质上的差异；黄景欣 (1958) 在《秦汉以前古代语中的否定词“弗”“不”》中则从甲骨文语法的实际情况入手，对丁声树的研究进行了补充和完善。后来，相继有何乐士、陈炜湛、周生亚等分别从“不”的语法、语义、语用、专书使用情况、对比分析等多个不同角度深入系统地对古汉语中的“不”进行了描写分析。

从甲骨文到现代汉语，“不”的字形、意义、用法等都产生了不同程度的变化，“不”字本义早已模糊不清，其使用意义大多是假借义。除了表示否定的假借义外，“不”与“否、丕”等在其他义项上还存在假借关系。假借意义的经常性使用，在一定程度上对“不”字字义和“不”字所在句式的语气语用都产生了深刻影响。

2.1 “不”的形成及其本义

从汉字发展历史及史料记载来看，“不”的产生和使用至今已有三千多年的历史。从字形来看，甲骨文中的“不”常作等不同书写形式，其中，等形式较多地出现于早期甲骨文中，而等形式则多出现于中晚期；金文中的“不”一般写作等，《说文解字》将“不”字小篆写作。从甲骨文到小篆，“不”的形体变化并不是特别大，但其异体形式却非常多，从历代字书收录来看，包括等在内的不同形式都曾作为“不”的异体形式在古代汉语中出现过。

作为否定词是“不”在古代汉语中最常见的用法，这个假借意义早在甲骨文时期就已经出现了，由于表否定的假借意义的经常性使用，“不”的本义逐渐模糊。关于“不”字的本来意义，曾有一些争议，其中有两种具有代表性的解释：一是许慎的“鸟飞说”，一是郑玄的“花萼说”。

许慎《说文解字·不部》(1963：246)：“不，鸟飞上翔不下来也。从一，一犹天也。象形。”这个解释是从对“不”字小篆字形分析中得出来的结论（王筠

《说文句读》“据字形以说字义也”），其文献用例较为罕见。对许慎的解释，后世多有补充订正。徐锴《说文系传》认为“不”应该是个指事字，“（不）甫柔反，指事也”；明人张自烈则明确反对“鸟飞说”，《正字通·一部》：“此说[1]曲而不通，非‘不’字本义。”

“花萼说”的首提者是东汉经学大师郑玄。为《毛诗》作笺时，他曾提出“承华者曰鄂，‘不’当作‘柎’。柎，鄂足也。古音‘不’‘柎’同”（《小雅·常棣》“常棣之华，鄂不韡韡”）。这种说法，得到后来许多文字学家的支持：《集韵·虞韵》“柎，草木房为柎。一曰华下萼。或作不”；宋人郑樵《通志·六书略》“不，音趺。象萼蒂形，与萼通”；段玉裁《说文解字注》“柎，鄂足也。古声‘不、柎’同”。此外，《类篇》《字汇》《正字通》《五音集韵》等字书均收录了“不”的这个义项。《山海经·西山经》：“（崇吾之山）有木焉，圆叶而白柎，赤花而黑理。”郭璞注：“今江东人呼草木子房为柎，音府。一曰：柎，花下鄂。”袁珂《山海经校注》：“柎，花萼房也。”自甲骨文被发现后，经过对字形的分析和考证，王国维、郭沫若、罗振玉等人认为甲骨文上面的三角形类似花萼（即“柎”）、下面的像花瓣，整个字像花朵盛开的样子，罗振玉《增订殷墟书契考释》：“（）象花不（fū，柎）形。‘花不’为‘不’之本义。”甲骨文字形的分析和考证说明郑玄的“花萼说”更接近“不”字本义。再看文献用例，除了上文所引《诗经》用例之外，在现存的一些地名中，仍然能找到“不”用作“花萼”的古证。现济南东北有一座山名为“金舆山”，又称“华不注山”，该名由来已久。《左传·成公二年》：“齐顷公与晋郤克战于鞍，齐师败绩，逐之，三周华不注。”伏琛《齐记》引挚虞《畿服经》注曰：“‘不’与《诗》‘鄂’之‘不’同。”北魏郦道元《水经注》说华不注“远而望之若华状”，《正字通》说其“盖因华柎（即花萼）而比拟之”，都是指华不注山的五个山峰构成的形状，从远处看像一朵花蕊、花瓣、花萼分明的鲜花注入水中。清代张尔岐《蒿庵闲话》卷二：“华不注，‘不’音‘跗’，跗注，戎服，山形似之，故以为名也。”明代顾炎武《唐韵正卷六》：“不……焦竑曰‘济南之华不注山，吴兴之余不溪，皆作趺音读’。”因此，综合字形分析、文献用例等综合情况来看，将“不”字本义暂定为“花萼说”更为合适。

实际上，无论是“花萼”还是“鸟飞上翔不下来”，在甲骨文中几乎没有用例。甲骨文中的“不”，除少数用作方国名、人名外，其余皆用为假借或通假意义，这种情况一直延续，导致“不”字本义逐渐模糊直至消失。“不”的否定意义在古代汉语中得到了长足发展，“不”字也成为汉语历史上最古老的否定词之一。

---

[1] 指“鸟飞上翔不下来”，笔者注。

2.2 上古汉语[①]“不”的否定用法

在“不”字的多个不同义项中，表示否定的意义是使用最为广泛和常见的。段玉裁认为这个义项最初是从“鸟飞上翔不下来”中的否定意义假借而来的，《说文解字注》:“凡云不然者，皆于此义[②]引申假借。”从甲骨文诞生至今，“不”已经成为汉语中一个不可或缺的否定词。否定词是构成否定命题的重要因素，语言中多个不同内涵的否定词构成了该语言的否定词系统。作为一种成熟的语言表现形式，上古汉语具有相对完善的否定词系统，如无、勿、毋、不、弗、未、非、莫、亡、否、微等。关于否定词系统的分类，各家有不同的标准和分类结果，本书拟采用杨伯峻（1992）的分类系统。在《古汉语语法及其发展》中，杨伯峻等按作用将否定词分为四个小类：表叙述的否定、表禁戒的否定、表疑问的否定、表假设的否定。根据这个分类系统，“不”应该属于一般性否定词，通常用于叙述类否定、禁止性否定和判断性否定。本节着重描述上古汉语中“不”的使用及特点，暂不涉及中古及近代。总体来看，在上古时期，“不”的用法并没有完全定型，其在语法、语义、语用等方面既有自身独特的使用特点，又有与其他相关否定词类似甚至混用的地方。

2.2.1 “不”的否定意义及其用法

从句法上来看，一般性否定词“不”相当于“无、没有、非、不是、不要”等意义，多用在谓词之前，表示对主语的状态、性质、动作等的否定，常见句法结构为“（主语）+不+谓语（+宾语）”。由于上古汉语对谓语成分的词性要求不太严格，“不”后能接包括名词、动词、形容词、数词等在内的多种词类。

不+动词/形容词

这类结构中的“不”一般表示对主语动作行为或状态性质的否定。结构中的动词可以是及物动词，如“不遇、不知”，也可以是不及物动词，如“不雨、不淹”。在句中，“不”后及物动词的宾语既可以省略，又可以出现，如“不备不虞”“不知其彝伦攸叙”。当表示对动作行为的否定时，上古汉语中的“不”对其后的动词没有太严格的要求，这一点基本沿袭至现代汉语中。例如：

(1) 乙丑贞：日有戠其告于上甲……不用。(《甲骨文合集》，以下简称“合”

① 此处“上古汉语”参考向熹（1993）分期标准。

② 指“鸟飞上翔不下来”，笔者注。

33697)

(2) 惠庚午秉于丧田，不遇大雨？（《小屯南地甲骨》，以下简称“屯”，屯335）

(3) 壬王乃田，不雨？（合 28617）

(4) 惟天阴骘下民，相协厥居，我不知其彝伦攸叙。（《尚书·洪范》）

(5) 日月忽其不淹兮，春与秋其代序。（《楚辞·离骚》）

(6) 不备不虞，不可以师。（《左传·隐公五年》）

“不+能愿动词”是“不+动词”结构中比较特殊的一类，这里的“不”通常用来表示对客观可能性、必要性的否定或对行为能力、意愿态度的否定。例如：

(7) 扬之水，白石粼粼。我闻有命，不敢以告人。（《诗经·唐风·扬之水》）

(8) 吾不能早用子，今急而求子，是寡人之过也。（《左传·僖公三十年》）

(9) 鱼不可脱于渊，国之利器不可以示人。（《孟子·梁惠王上》）

(10) 习习谷风，以阴以雨。黾勉同心，不宜有怒。（《诗经·邶风·谷风》）

(11) 孔子下，欲与之言。趋而辟之，不得与之言。（《论语·微子》）

例(9)“鱼不可脱于渊”是对可能性的否定，例(11)“不得与之言”是对行为能力的否定。“不”与能愿动词在长期的结合使用中，语法关系逐渐紧密，进而语法化，形成固定词语在汉语中延续下来，如“不能、不可以、不敢、不宜”，等等。

“不+形容词”也能用来构成谓语部分，但要比动词情况复杂。总体而言，“不+形容词”主要是对主语状态或性质的否定，或表达对主语否定性的态度与观点。例如：

(12) 晋文公谲而不正，齐桓公正而不谲。（《论语·宪问》）

(13) 余既不难夫离别兮，伤灵修之数化。（《楚辞·离骚》）

(14) 交不忠兮怨长，期不信兮告予以不闲。（《楚辞·湘君》）

例(12)“不正、不谲”是说话者对晋文公、齐桓公行为态度的否定性判断，例(13)“不难夫离别兮”是主语对客观对象（“离别”）的否定性判断，例(14)“不忠”是说话者对动词宾语（即交往对象）品德行为的判断。由此可见，从语义上来看，“不+形容词”内部是有明确区分的。在“主语+不+形容词(+宾语)”中，“不”的否定语义指向其后的形容词，“不+形容词”共同构成了谓语部分，用来描述主语的性质或状态，例如：

(15) 天地不仁，以万物为刍狗。（《老子·第五章》）

(16) 子曰：“君子周而不比，小人比而不周。”（《论语·为政》）

在例(15)“天地不仁”中，“不”从语义上否定“仁”，二者共同构成谓语部分，描述了“天地”的性质。“不比、不周”则分别用来否定君子、小人的品行修养。

“不+形容词”后可以带宾语也可以不带宾语。从语义指向范围上看，带宾语结构中的“不”否定的是整个“形容词+宾语”部分，而不是单单指向形容词。如下文例（18）“不贵难得之货，使民不为盗”一句中，从语法上看，“不”否定的是“不贵难得之货”的整个结构，而实际上“不”从语义上指向“贵”，因此在译为现代汉语时，需要补充相应的意思，“不以……为贵”或者“不认为……是珍贵的”，指主语或动作发出者对事情的看法，这也通常被看作是形容词的意动用法。

（17）不远千里而来，亦将有以利吾国乎？（《孟子·梁惠王上》）

（18）不尚贤，使民不争；不贵难得之货，使民不为盗。（《道德经·第三章》）

“不+形容词”还可能出现在已经含有谓语成分的句子中，其中“不”主要是对谓语性成分对象或行为方式的否定，从语义指向上说，这里“不”的否定语义指向其后的形容词，“不+形容词”在这里已经不再充当谓语成分，而是用作前面动词的宾语。如例（19）“多行不义，必自毙”一句中，“不”从语义上否定了“义”，二者一起组合成“不义”，语义指向动作“行”后未出现的宾语“……的事”，故当其被译为现代汉语时，需要补充出“……的事”部分。

（19）多行不义，必自毙，子姑待之。（《左传·隐公元年》）

（20）交不忠兮怨长，期不信兮告予以不闲。（《楚辞·湘君》）

“多行不义”是指动作的发出者所做的事情是不义的，是对事情性质的否定，“不义”在这里应该被理解为“不符合道义的事情”；“不忠”则是指交往这个动作的对象为“不忠心的人”。从语用上来看，这种用法属于形容词的转指用法。

总之，“不+动词/形容词”表示的语法意义和具体语义指向较为复杂，需要在特定句法形式中分析解释。这也充分说明，上古汉语中否定词“不”语法功能多样化，相同句式中“不”的语义指向也并不完全相同。

不+名词（短语）

规范的现代汉语语法中，否定副词“不”一般不能修饰名词，但也有个别例外，如“不淑女”“不绅士”等。“不”的这种特殊用法，其实早已在上古汉语中有迹可循。上古汉语中有大量“不”修饰名词或名词性数量结构的用例，例如：

（21）抑此皇父，岂曰不时？（《诗经·小雅·十月之交》）

（22）狐裘蒙戎，匪车不东。叔兮伯兮，靡所与同。（《诗经·邶风·旄丘》）

（23）虞不腊矣。（《左传·僖公五年》）

（24）今有饥色，君过而遗先生食，先生不受，岂不命耶？（《庄子·让王》）

（25）吾闻君子不党，君子亦党乎？（《论语·述而》）

（26）入公门，鞠躬如也，如不容。立不中门，行不履阈。（《论语·乡党》）

(27) 寝不尸，居不客。(《论语·乡党》)

“不”后所接的名词，语义范围较广，有表示时间意义的，如“不日、不时、不腊”；有表示方位地点的，如“不中门、不东”；有表示身份等级的，如“不君、不弟、不王、不尸、不客”，等等。部分名词经常出现在“不”后，逐渐成为固定用法延续到现代汉语中，如“不日、不时”，等等。

在“不+名词”结构中，大多数名词后面是不带宾语的，但也有少数例外，如“王不礼焉”。从句法结构上来看，“不+名词”所出现的句中往往缺乏真正意义上的动词，这一结构便赋予名词临时性的动作或状态意义。所以，从这个角度来看，“不+名词”实际上也可以归入上述“不+动词/形容词”结构，但由于其相对来说较为特殊，故仍单列一类。例如：

(28) 晋灵公不君。(《左传·宣公二年》)

(29) 段不弟，故不言弟。(《左传·隐公元年》)

(30) 七十者衣帛食肉，黎民不饥不寒，然而不王者，未之有也。《孟子·梁惠王上》

从语义上来看，“不”的语义仍然指向其后的名词，并与其一起构成句子的部分，从而判断主语的状态、性质、行为等。在理解时，需要加上特定的动词性词语，如例（28）“晋灵公不君”应该理解为“晋灵公不遵守作为国君的准则”或是“晋灵公的行为不像个国君”。从语用上来看，“不”的这种用法较之“非”或“未”，更具有强调的意味，更能突出主语在某一方面不合乎规范或常态的行为。

(31) 先王之制：大都，不过参国之一……今京不度，非制也，君将不堪。(《左传·隐公元年》)

(32) 郑伯如周，始朝桓王也。王不礼焉。(《左传·隐公六年》)

(33) 郑庄公可谓正矣，以王命讨不庭，不贪其土。(《左传·隐公十年》)

(34) 子钓而不纲，弋不射宿。(《论语·述而》)

因此，从语言使用的实际情况来看，上古汉语否定词“不”之后是可以接名词或名词性短语的。但随着“不”字语义语法功能的发展，“不+名词”的结构越来越少，到现代汉语中甚至成了一种特殊的用法。

不+人称代词

这一类结构的出现，跟古代汉语中含人称代词的否定句式中词语的语序有关。在上古汉语中，否定句中的宾语如果是人称代词，则人称代词一般前置，这也就形成了“不+人称代词+动词”的结构。这里的“不”仍然表达对动作行为的否定。甲骨文中已经出现了类似的表达，如“鼎（贞）：且（祖）辛不我害(合95)”，先秦典籍中相关用例也不少，例如：

(35) 汩余若将不及兮，恐年岁之不吾与。(《楚辞·离骚》)

（36）羔裘逍遥，狐裘以朝。岂不尔思？劳心忉忉。(《诗经·桧风·羔裘》)

（37）不吾知其亦已兮，苟余情其信芳。(《楚辞·离骚》)

（38）从孙子仲，平陈与宋。不我以归，忧心有忡。(《诗经·邶风·击鼓》)

例（35）“恐年岁之不吾与”中，否定词“不”本来应该否定的是“与”，但由于上古汉语否定句式语序的要求，人称代词“吾”提到“与”前，从句式上看，形成了“不+人称代词”的特殊结构；从语法结构上来看，“不”修饰限制了其后的人称代词“吾”，而其实际语义指向“与”，语义顺序理解应该为“不与吾”。

不+介词（短语）

介词是引进动作行为借以发生的对象、工具、条件等的重要语法手段，“不+介词”结构中的“不”一般用于否定介词所引入的内容，包括对象、方式、工具、条件，等等，例如：

（39）有所不行，知和而和，不以礼节之，亦不可行也。(《论语·学而》)

（40）无友不如己者。(《论语·学而》)

（41）天行有常，不为尧存，不为桀亡。(《荀子·天论》)

（42）领国相望，鸡犬之声相闻，民至老死不相往来。(《道德经·第八十章》)

（43）不及黄泉，无相见也。(《左传·隐公元年》)

（44）信不由中，质无益也。(《左传·隐公三年》)

例（39）中“不以礼节之”是对行为方式的否定，例（40）“不如己者”是对比较对象的否定，（41）“不为尧存”是对条件的否定，例（35）中“汩余若将不及兮”中的“不及”省略了介词宾语，是对目的对象的否定。和“不+名词”一样，部分介词与“不”在长期使用中逐渐形成固定表达在现代汉语中延续下来，如“不如、不及、不由”等。

不+数词

除一些古汉语遗留下来的固定表达式，如“不三不四、不一而足”等之外，现代汉语中“不”几乎不用来修饰数量结构。上古汉语里，“不”后也很少接数量结构，但仍有用例可寻，例如：

（45）有颜回者好学，不迁怒，不贰过。《论语·雍也》

（46）夭寿不二，修身以俟之，所以立命也。(《孟子·尽心上》)

（47）直道而事人，焉往而不三黜？(《论语·微子》)

（48）王田不取群，公行下众，王御不参一族。(《国语·周语》)

（49）昔阖庐食不二味，居不重席。(《左传·哀公元年》)

（50）不十年侈，其恶不远，远恶而后弃，善亦如之，德远而后兴。(《左

传·昭公四年》)

(51) 长行徇上，数百不一失。(《韩非子·难二》)

(52) 使哀公知三子外障距内比周也，则三子不一日立矣。(《韩非子·难三》)

从语法结构上来看，单纯的“不+数词”结构用例较少，大多数是“不+数词+动词/名词”的结构。这类结构中的数词并非单纯计数用，多是临时充当谓词性成分，如（46）“夭寿不二”中的“二”即指“（二者）没有区别”。从语义上来看，“不”的否定一般指向其后的数量结构而不仅是数词本身，如（47）“不三黜”即指“不会被多次贬黜”。

此外，“不”还可以与其他否定副词结合，通过双重否定来强化否定语气，达到强调的语用效果，如（54）“莫不与也”指“没有人不愿意（把政权）交（给他）”就通过“莫、不”双重否定强调了施行仁政的结果。

(53) 如彼岁旱，草不溃茂。如彼栖苴。我相此邦，无不溃止！(《诗经·大雅·召旻》)

(54) 天下莫不与也。(《孟子·梁惠王上》)

(55) 琴瑟在御，莫不静好。(《诗经·郑风·女曰鸡鸣》)

“不”也可与疑问代词结合，通过对事实的否定性疑问，加强语气，进一步形成反问句式，例如：

(56) 不曰坚乎？磨而不磷；不曰白乎？涅而不缁。(《论语·阳货》)

(57) 不抚壮而弃秽兮，何不改乎此度！(《离骚》)

(58) 何彼襛矣，唐棣之华！曷不肃雍，王姬之车。(《诗经·召南·何彼襛矣》)

(59) 式微式微，胡不归？(《诗经·邶风·式微》)

这两种用法经常在句法、语气上起到强调作用，表现说话者较为鲜明的态度。“不”也通过和部分疑问词和否定词经常性结合使用后，形成了固定的词组，如“莫不、何不”，等等。

上古汉语中“不”一般在句子结构中与谓语成分一起构成谓语部分，表示对动作行为或性质状态的否定。由于上古汉语对作谓语的词语词性要求不太严格，所以“不”后可以接包括动词、形容词、名词、数词等在内的多种不同词类。“不”后所接的动词既可以是及物动词，也可以是不及物动词。关于这里的及物动词是否带宾语的问题，甲骨文与其他先秦文献并不一致。“不”与其所修饰的形容词有多种不同的语义指向关系，而“不+数词/数量结构”中的数词一般并非单纯表示计量意义。

2.2.2　“不”与“弗”的比较分析

对比研究是词语功能意义深入分析不可或缺的手段之一。人们对“不”的深入研究，同样需要在否定词系统的描写与对比中进行。上古汉语否定词系统中，在用法、语义、语用等方面跟“不”最为近似的否定词是“弗”。“弗”，甲骨文作弗，《说文解字·丿部》：“弗，矫也，从丿从㇉从韦省。”“弗”字本义现已模糊不清，作否定词是其假借用法。和“不”一样，“弗”一般表示陈述性或判断性否定，用于否定动作、性质或状态，其后可接形容词、动词等。例如：

（60）鼎（贞）：我弗其受黍年。（合 795）

（61）鼎（贞）：帚（妇）好弗其用。（合 2635）

（62）内乱，不与焉；外患，弗辟也。（《礼记·杂记》）

（63）寡妇之子，不有见焉，则弗友也。（《礼记·坊记》）

《玉篇》等字书关于“弗”字的解释相差无几，《原本玉篇残卷·丿部》：“弗，甫勿切，撟也，不正也。《说文》云‘撟也’。”到宋代字书里，“不”“弗”的读音逐渐混同。在明代的字书里，“弗”字开始有了“不”的解释，张自烈《正字通》：“弗，敷勿切，音拂，不可也，不然也，与不通。《公羊传》‘弗者，不之深也’。”

虽然“不、弗”用法差不多，但二者还是存在一定的差别的。最早分析“不”“弗”差异的是东汉经学家何休，他在《春秋公羊解诂》中两次对比了“不”和“弗”：“弗者，不之深也”（《公羊传·桓公十年》“秋，公会卫侯于桃丘，弗遇”）；又“弗者，不之深者也”（《僖公二十六年》“齐人侵我西鄙，公追齐师至巂，弗及”）。这种提法得到了后世许多文字学家的赞同，包括段玉裁、朱骏声、马建忠等。在其《古文尚书撰异》及《说文解字注》中，段玉裁曾多次深入分析“不”“弗”之间的差异：

> “弗”与“不”古义略同而深浅有别，如“虽有佳肴，弗食，不知其旨也；虽有至道，弗学，不知其善也”，可证“弗”“不”之不同矣。《春秋经·僖公二十六年》“公追齐师至巂，弗及”，何邵公曰“弗者，不之深者也”。二字古音亦迳庭甚远，“弗”在第十五脂微部，“不”在第一之咍部而转入于第三尤幽部，绝不相假借也；“不”字之不可入物韵，犹“弗”字之不可入尤幽韵也。《集韵》始误认为一字，八勿“不”字下云：分物切，无也，通作“弗”。（《古文尚书撰异·酒诰篇》）
>
> 不，其音古在一部，读如德韵之“北”，音转入尤有韵，读如“甫鸠、甫九”切，与“弗”字音义皆殊：音之殊则“弗”在十五部也，义之殊则

“不”轻“弗”重。如“佳肴，弗食，不知其旨；至道，弗学，不知其善”之类可见。《公羊传》注曰“弗者，不之深也”。俗韵书谓“不”同“弗”，非是。(《说文解字注·不》1988：584)

弗，弗之训矫也。今人矫、弗皆作拂，而用“弗”为“不”，其误盖亦久矣。《公羊传》曰‘弗者，不之深也’，固是矫义。凡经传言“不”者，其文直；言“弗”者，其文曲。如《春秋》“公孙敖如京师、不至而复”，“晋人纳捷菑于邾、弗克纳”，“弗”与“不”之异也。《礼记》“虽有嘉肴，弗食，不知其旨也；虽有至道，弗学，不知其善也。”“弗”与“不”不可互易。(《说文解字注·弗》1988：627)

在何休的基础上，段玉裁进一步从语音、语义、语用等不同方面分析了二者之间的差异。从语音上来看，“不”“弗”古音差别十分明显，二者分属两个不同音部，“不”字古音在一部，而“弗”在十五部。据丁声树考察，“弗”字收声于“－t”，而“不”收声于“－g”，区别非常明显，所以“不”“弗”同音假借的可能性很小，到宋代《广韵》《集韵》中则已经混同了。

从语气上看，“不”字否定语气较轻，而“弗”则更重。段玉裁举《礼记》中“虽有嘉肴，弗食不知其旨也；虽有至道，弗学不知其善也”句，就是通过对先行条件“弗食、弗学”的强调来证明“知其旨、知其善”的结果。类似“不”“弗”的对立表达，在先秦文献中有不少用例，例如：

(64) 吊丧弗能赙，不问其所费；问疾弗能遗，不闻其所欲；见人弗能馆，不问其所舍。(《礼记·曲礼》)

(65) 鼓无当于五声，五声弗得不和；水无当于无色，五色弗得不章；学无当于五官，五官弗得不治；师无当于五服，五服弗得不亲。(《礼记·学记》)

(66) 弗钩以爱则不亲，弗揣以恭则速狎，狎而不亲则速离。(《墨子·鲁问》)

(67) 既有肥羜，以速诸父，宁适不来，微我弗顾。(《诗经·小雅·伐木》)

从语用上来看，用“不”字表达否定意义更直接明确，而用“弗”则相对委婉含蓄。孔子编订《春秋》，一般较少从正面评价人物事件的功过是非，而是通过巧妙的文字选择以达到“一字寓褒贬”的效果，从而彰显其“微言大义”，这就是人们常说的“春秋笔法”。因此读《春秋》，往往要特别注意其文字的使用。段注中所引用的“公孙敖如京师、不至而复”和“晋人纳捷菑于邾、弗克纳”就是其中的典型用例。前者讲的是公孙敖赴京吊丧的事：《春秋经·文公八年》“公孙敖如京师，不至而复。丙戌，奔莒”，《左传》“穆伯如周吊丧，不至，以币奔莒，从己氏焉”。周襄王驾崩后，鲁文公派公孙敖（即穆伯）为使者去京城吊丧。公孙敖无意完成使命，还没有到京城，竟然带着用于吊丧的礼物，跑到莒国一个女人（己氏）家里去了。很明显，这种做法是非常不合礼节的。所以孔子在原文中直接用了两个字来传递他的看法，一是“不”，一是“复”。唐陆淳《春秋集传纂例》卷八“还复”条：“《公羊》云：‘还’，善辞也，比‘复’为善也。”按陆淳的理解，从语气语调上来看，“还”的语气较“复”更轻，后者的谴责意味更强烈；用“不”则明确显示出孔子对公孙敖的批评指责。再来看另外一个用例，“晋人纳捷菑于邾、弗克纳”讲的是邾公子捷菑回邾国的事情。鲁文公十四年，晋国正卿赵盾打算率军迎捷菑回邾国，遭到邾国人拒绝。原来邾文公去世后，邾人已经立嫡长子貜且为定公，捷菑是文公次妃所生，此时回国执政的话，与“立嫡以长”制度不合。赵盾认为邾人的话合情合理，如果不听从会不吉利，所以放弃迎捷菑回国。邾国和晋国当时是甥舅关系，晋国派兵送捷菑回国执政也是不合宗法制度的，所以这件事情最终没能办成。孔子曾对先秦礼乐制度的崩坏多有批评，在这件事上，他用一个“弗”字含蓄委婉地表达了对维护礼乐制度的邾人、晋人的支持。段玉裁通过这两个用例，清晰地指出了“不”“弗”在语用上的区别。此外，根据何乐士、刘黎等人的研究，“弗”“不”二者对主语的身份具有一定的选择性，总体来说，“弗”的主语多为人、极少为物，且如果主语为人，那么主语身份在语境中相比之下较高；而“不”对主语的选择不大，同时主语身份在语境中相对较低，例如：

(68) 章怨外利，不义；弃亲即翟，不祥；以德报怨，不仁。(《国语·周语》)

(69) 君子之于物也，爱之而弗仁；于民也，仁之而弗亲。(《孟子·尽心上》)

除去语音、语用、语义上的区别之外，“不”“弗”在语法功能上也存在一定的差别。丁声树（1935：967－996）曾从语法结构入手，对先秦典籍中多个实例对比分析，发现“弗”字只用在省去宾语的外动词之前，内动词及带有宾语的外动词之前只用“不”，从而得出“不＝弗＋之”的结论。黄景欣（1958）发现，甲骨文中“不”“弗”都可以带宾语，所以二者的区别并不在于是否带宾语；只不过“不”是一个具有多种词性、否定性较强的否定词，而“弗”是一个单纯的否定副词。这是对丁声树研究结论的有力补充。黄岳洲（1986）、高思曼（1993）、何乐士（1994）等分别从甲骨文文法、词语语法功能、语义选择等不同角度对前两者的结论进行了补充和完善，使“不”“弗”的区别更为细致。从上述分析结果来看，“不”“弗”之间的区别主要表现在以下几个方面。

语法上，从“不”“弗”与其他词类的结合能力来看，“不”能与动词、形容词、名词、数词、代词、介词等多种不同词类搭配，其词类搭配能力较强；而“弗”仅能在有限的范围内和动词、形容词、名词搭配，几乎不与名词、数词、代词搭配。例如：

(70) 先王之制：大都，不过三国之一。(《左传·隐公元年》)

(71) 鸷鸟之不群兮，自前世而固然。(《离骚》)

(72) 静言思之，不能奋飞。(《诗经・邶风・柏舟》)

(73) 寡妇之子，不有见焉，则弗友也。(《礼记・坊记》)

(74) 上之所是，弗能是；上之所非，弗能非。(《墨子・尚同》)

以形容词和名词为例，“不”的适用面较广，对其后的形容词没有任何选择，“不+形容词”的结构则能表达多种不同的意义；而在一般情况下，“弗”只能修饰数量极其有限的形容词，刘黎（2004）发现只有“协、祥、靖、久”等少数几个形容词能出现在“弗”后面，且这些组合基本上只在甲骨文、金文和《尚书》《左传》中出现，例如：

(75) 王有疾，弗豫。(《尚书・金縢》)

(76) 必死于此，弗得出矣。(《左传・襄公九年》)

(77) 则惟汝众，自作弗靖，非予有咎。(《尚书・盘庚》)

另外，“不”还可以修饰名词、数词、介词、代词等，但“弗”几乎不会与这些词类组合，只有甲骨文、金文中有极少数用例，例如：

(78) 是其为人也，上不臣于王，下不治其家，中不索交诸侯。(《战国策・齐策》)

(79) 天下有道，丘不与易也。(《论语・微子》)

(80) 帅贱，多宠，政令不一。(《左传・昭公二十三年》)

另外，“不”的构词能力较强，与其所修饰的词语组成了许多固定结构，现代汉语仍然在使用，如“不敢、不得、不可、不曾”等等，“弗”字的构词能力则相对较弱。

从“不”“弗”出现的句子结构来看，早期的甲骨文、金文语法体系中，“不”“弗”后面的动词既可以是及物动词，又可以是不及物动词。其中，及物动词带宾语或不带宾语都能受“不”“弗”修饰，但是二者的使用方法并不完全一致，甲骨文中“弗”修饰的动词以不带宾语居多。但随着语法的进一步发展，先秦传世文献中“弗”修饰的动词带宾语的情况比例越来越少，平均大约有 2.5%（刘黎，2004）。从所修饰宾语的类型来看，“弗”后的宾语范围从名词、代词以及其他各类词组等开始不断缩小，而“不”的情况却正好与之相反。“不”的使用范围逐渐扩大，慢慢出现了取代“弗”的情况。西汉以后，“弗”字后的动词又出现大量带宾语的情况；但从数量上来看，对“弗”的使用已经大大减少，用法上几乎与“不”没有太大区别了。所以实际上这个时候“所修饰的动词带宾语”，恰恰是“弗”的语法功能逐渐模糊的表现。例如：

(81) 长安诸公莫弗称之。(《史记・魏其武安侯列传》)

(82) 其主弗敢弃也。(《史记・张仪列传》)

另外，否定句中代词宾语是否前置，也是“弗”“不”语法上的区别特征之一。上古汉语中，否定句中的宾语如果是代词，那么这个代词宾语需要提到动词前面，这是一条重要的语法规则，如“不我以归，忧心有忡”。含“不”的否定句中，代词宾语需要前置，这是一般规律；那么“弗”呢？从上文的分析来看，大部分情况下，“弗”后动词不带宾语，就无所谓代词语序的问题了。不过，先秦文献典籍中还是能偶尔见到“弗”字句中代词宾语前置的情况，例如：

(83) 东方有莒之国，……大国亦弗之从而爱利。(《墨子·非攻中》)

这样的用例数量非常有限，因此，基本可以说“弗”后接人称代词的情况不如“不”普遍。

此外，“不”除了作否定副词外，还可以用作动词，表示劝阻、禁止、判断等意义，相当于“不要、不是、没”等，而“弗”并没有这种用法。

总之，通过分析可以看出，作为古代汉语中的常见否定词，“不”“弗”既有区别又有联系。二者古音差别较大，同音假借的可能性比较小，但实际上“不”“弗”在甲骨文、金文中就已经具有一定程度的同义关系了。从语用语义上来看，“不”可以作否定副词、动词等，而“弗”只能作否定副词。同为否定副词，“不”“弗”“古义略同而深浅有别”，“弗”所表达的语气态度，比“不”更加强烈和深入，所以何休等人说“弗者，不之深也”；另外，在经传中用“不”否定的事情，一般表现了作者较为直接明确的否定倾向，而“弗”所否定的事情，则态度多委婉含蓄。同时，二者对主语的选择也呈现出一定的倾向性，“弗”字主语一般为人，且多为在上的尊者，“不”对主语没有选择性，人、动物、事物都可以。从语法功能来看，二者均能表示否定意义，并修饰限制动词、形容词、介词等词类。在甲骨文、金文等早期语法中，“不”“弗”对修饰限制的动词宾语没有明确区分，二者都可以带宾语也可不带宾语，但随着用法的不断发展，“弗”后动词带宾语的用例越来越少，出现了比较明显的区分。“不”后修饰的词类也逐步扩大，可以接名词、数词等；受否定句中人称代词前置的语法规则影响，“不”后还可接人称代词。此外，“不”在长期使用中跟能愿动词、名词、介词等的结合逐渐紧密，因此形成了“不能、不可、不敢、不以、不及、不时、不才”等固定表达形式，延续到现代汉语中。

总之，甲骨文、金文时期“不、弗”在语义、语用等方面的区别还不是很大，二者混用较多，但随着汉语语法的不断发展，“不”的用法越来越丰富、组合能力越来越强，而“弗”的使用范围慢慢缩小、用法逐渐单一。这种情况发展到中古汉语时，“不”便基本取代了“弗”的语法功能，从而导致“弗”最终在现代汉语中消失。

2.3　上古汉语“不”的其他用法

作否定词是“不”在先秦汉语中最常见的义项之一，这个意义广泛、经常性地使用，在一定程度上对“不”的其他义项和用法产生了影响，其中最重要的是“不”的否定用法的发展和假借用法的衍生。

2.3.1　“不”的否定用法的发展

“不”在汉语否定词系统中有着重要的地位和作用，作为一般性否定词，“不”可以对陈述、判断等多种情况作出否定，这种用法对“不”字本身以及汉语句式产生的影响主要体现在两个方面：表反问语气的“不”和正反问句式的形成。

从语气常态表达来看，一般疑问句表示对事物或现象的一般性疑问，答话者只需要回答“是”或“不是”就可以了。一般疑问句中如果加入表否定意义的“不”，其疑问语气往往由一般疑问转向反问，答话者的回答则较前者更为复杂了。上古汉语中，由“不……乎”组成的结构是最常见的反问句式之一，也有省略“乎”的。如：

(84) 我生不有命在天？(《尚书·西伯戡黎》)

(85) 武子曰：“不亦善乎？”(《礼记·檀弓下》)

(86) 学而时习之，不亦乐乎？(《论语·学而》)

(87) 而人臣不泰安乎？(《韩非子·外储说》)

(88) 为将数岁，反不如竖儒之功乎？(《史记·淮阴侯列传》)

例(84)面对祖伊的进谏，商纣王反问道“我做君王的命运，难道不是上天安排的吗”，通过“不……乎”的反问形式加强了句子的肯定语气。反问语气不断增强，到了一定程度就会逐渐带上感叹语气，使句子从疑问句变为感叹句，例如：

(89) 杀臣不亦蚤乎！(《韩非子·内储说》)

(90) 夷灭宗族，不亦宜乎！(《史记·淮阴侯列传》)

因此，从这个角度来看，“不”的否定意义在反问句中起到了加强语气的作用，同时也为反问句向感叹句的转化奠定了一定语气基础。

正反问句式的形成跟否定词的运用也有着重要的关系。从本质上来说，正反问是一种特殊的立项选择问句，其往往由事情的正常状态和否定形式两个部分组成，听话者需要在正反选项中做出选择性回答。“不”能做陈述性、判断性否定，这也就意味着当陈述判断的正反两个方面同时存在于疑问句中时，由“不”字构成的正反问句式就出现了。这类句式最早可以追溯到甲骨文时期。远古时期，由于人类认知有限，许多自然现象难以得到科学解释。在重大问题上，人们大多需要借助占卜进行解释、预测，所以甲骨文卜辞中有许多是关于事情可行性的询问内容，其命辞、验辞中经常出现对事情可能性正反两方面的陈述内容，“不”则较多地出现在这样的句式中，例如：

(91) 鼎（贞）：不唯祖丁害王？唯祖丁害王？（合 1901）

(92) 今日延雨？不延雨？（合 28611）

上述两例甲骨文用例都是卜辞，问句中都给出了事情肯定和否定两个选择项，如“不唯祖丁害”与“唯祖丁害”、“延雨”与“不延雨”，最后的验辞（即回答）需要给出其中一个选项（或肯定或否定）。由于卜辞的判断具有预测性，所占卜的事情可能发生，也可能不发生，因此这种判断从占卜（或发问）当时来看，是没有确定结论的。这就形成了一种两可性判断，从说话人角度来言，就是给对方提供一种选择，因此“不”用在这类句式中与其肯定形式一起形成了一种存在正反两面的立项式选择疑问句，在此基础上，慢慢形成了正反问句。如“今日延雨不延雨”类的句式，根据表达的需要，先是变为“大邑受禾不受其禾”；又因前后重复，为在表达上更简洁，“不”后的陈述内容“延雨”被省略了；原句就变为“今日延雨不”，该句式中的“不”逐渐虚化为一个句尾疑问词，用来表示与前面情况相反的一种选择性疑问。这也是汉语句式对词语发展影响的例证之一。当然，汉语正反问句式的真正形成实际上经历了一个漫长的发展过程，在秦汉时期，仍然以立项选择问句居多。例如：

(93) 欲破王之军乎？其不邪？（《战国策·赵策》）

(94) 子以秦为将救韩乎？其不乎？（《战国策·韩策》）

2.3.2　“不”的其他假借用法

早在甲骨文时期，“不”的本义就逐渐模糊了，“不”字在先秦时期的使用意义多为假借义，其假借意义的来源各不相同，如表否定的假借意义就来自“鸟飞上翔不下来”（据段玉裁 1988：584）。此外，“不”还有其他多个不同假借义项。

2.3.2.1　与“否”的通假关系

“否”，毛公鼎作，小篆作。《说文·口部》“否，不也，从口不”。《说文·不部》“否，不也，从口不，不亦声”，“不、口”两部下都收录“否”字，疑“口部”所录为重文。“不”“否”二字古音都在一部，读音相近，所以在很多情况下经常互相用作通假字，表示“不、不然、非”，也能用在正反问句式末尾。

《段注·不部》：“不者，事之不然也；否者，说事之不然也。故音义皆同。”例如：

(95) 其本乱而末治者，否矣。(《礼记·大学》)

(96) 君所谓可而有否焉。(《左传·昭公二十年》)

(97) 害澣害否，归宁父母。(《诗·周南·葛覃》)

(98) 持老养衰，犹有善于是者与不？(《荀子·正论》)

(99) 昭侯以此察左右之诚不。(《韩非子·内储说上》)

“不”“否”经常性地被通假使用，导致二者的通假关系延伸到其他义项之上。除了在表否定意义上的通假关系之外，“不”“否”还在“否”的“邪僻、不敬重”等意义上存在通假关系，“不”此时又读作“pǐ”。例如：

(100) 秉权而立，垂法而治，以得奸于上而官无不，赏罚断而器用有度。(《商君书·壹言》)

(101) 君子所敬而小人所不者与？(《荀子·赋》)

2.3.2.2　与“丕”的通假关系

“丕”甲骨文作等，与“不”字形似。《说文解字·一部》“丕，大也，从一不声”。“不”“丕”二字不仅字形相似，读音也相近，所以古代汉语“不”经常通作“丕”。《正字通》：“不，俯九切，音缶，与可否之‘否’通。……又灰韵，音胚，与丕通。《书·大诰》‘尔丕克远省’，马融作‘不’。秦《诅楚文》‘不显大神巫咸’、秦《和钟铭》‘不显皇祖’皆与《诗·周颂》‘不显不承’同，‘不显不承’犹《书》云‘丕显丕承’也。”段玉裁《说文解字注》：“丕……敷悲切，古音在第一部，铺怡切，音同故古多用‘不’为‘丕’。”《逸周书·小开》：“呜呼，敬之哉！汝恭闻不命”，朱右曾校释：“不读为丕，大也。”

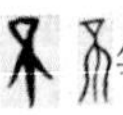

2.3.3　助词“不”

先秦文献中的部分“不”也常被后世当作没有实际意义的助词处理，一般认为这时“不”在句中起补充足句或加强语气的作用，例如：

(102) 徒御不惊，大庖不盈。(《诗·小雅·车攻》)

《毛传》“不惊，惊也；不盈，盈也”，王引之《经传释词》：“案：《传》云‘不惊，惊也；不盈，盈也’，则‘不’为语词。”类似还有“不戢不难，受福不那”“商之子孙，其丽不亿”中的“不那、不亿”等均被王引之等人释作“那、亿”，即“不”在这里是没有意义的语气助词。“不”的这种助词用法在先秦文献中并不多见，《诗经》《楚辞》中稍微多些，不过解读上还存在一些争议。例如：

(103) 被文服纤，丽而不奇些。(《楚辞·宋玉·招魂》)

汉·王逸《楚辞章句》：“文，谓绮绣也。纤，谓罗縠也。丽，美好也。不奇，奇也。犹《诗》云‘不显文王’，不显，显也。言美女被服绮绣，曳罗縠，其容靡丽，诚独奇怪者也。”后世对王逸关于“不奇”的解释存在一定争议，如“奇”究竟是指“奇偶”的“奇”还是“奇怪”的“奇”，“不”究竟有没有实义，朱熹、陈第等人有过讨论。本书此处只关注“不”的解释。王逸引用《诗经》“不显文王”中“不”的解释作为例证支撑，而根据上文段玉裁、马融等人的注释，“不显文王”中的“不”通“丕”，表示大的意思，并非助词。从这个角度来看，王逸《章句》所引《诗经》“不显文王”句中的“不”解释为“丕”的通假字，表示“大”，从意义上来说，也是行得通的。王泗原《楚辞校释》：“丽而不奇，言被服的富丽。句法如上节的‘厉而不爽’。奇，奇偶的奇。《说文》‘一，不偶’，不奇，犹今语不单调，以表富盛。王注云‘不奇，奇也’，引《诗》‘不显文王’为例，朱熹从王注，误。‘不显’的不为‘丕’。”因此上例中，“不”的确切解释还有待深入讨论。

在本义和引申假借义外，“不”字还有其他一些罕见的用法，包括用作方国名、人名、姓氏，等等，《宋本广韵·十八尤》：“不，弗也。又姓，《晋书》有汲郡人不准，盗发六国魏王冢得古文竹书，今之汲冢记也。”

作为上古汉语中的常见词语，“不”最常见的用法是表示否定。这种用法在长期的发展使用中，对汉语句式的形成和发展产生了一定的影响。如“不……乎”本来是一般否定性疑问，由于语气的变化，其逐渐演变为反问句式的常见结构，反问语气的进一步加强，又导致含有该结构的句子从疑问语气变为感叹语气。这是词语语法功能对句子语用语义产生影响的表现之一。在选择问句中，“不”所修饰的部分作为否定性的选项与肯定选项的长期并存，促进汉语正反问句的形成和发展。从义项的发展变化来看，“不”字本义的模糊导致了其假借意义逐渐增多，除假借为否定意义之外，由于语音上的紧密关系，“不”还经常假借为“否”“丕”等。“不”“否”最早只在否定意义上相互假借，而后来逐步衍生至“丕”的其他读音和义项，这也是词义发展变化中有意思的地方。“不”用作助词也是上古汉语中比较常见的用法，而相比之下，作方国名、人名、姓氏等就不那么常见了。

2.4　本章小结

“不”最早产生于甲骨文时期，在上古汉语中有多个不同的使用义项。关于“不”的本义，曾有许慎的“鸟飞上翔不下来说”和郑玄的“花萼说”两种不同观点。根据甲骨文“不”的字形和仅存的文献用例来看，“花萼说”更为接近

“不”字的本义。但无论是许慎的提法还是郑玄的解释，“不”的本义早已模糊甚至消失，其文献用例也非常罕见。

在上古汉语中，“不”最常见的用法是表示否定，可用来否定判断、陈述以及表示禁止等，表示“不、非、没有”等不同意义。从与词类的组合来看，“不”经常用于动词或形容词前，用来否定动作发出者的动作行为或性质状态。“不”后的动词既可以是及物动词也可以是不及物动词，动词后可以带宾语也可以不带。部分能愿动词在与“不”经常连用后成为固定格式在现代汉语中保留下来，如“不可、不能、不敢”，等等。“不”后接形容词的情况相对来说比较复杂，既可能是对主语性质状态的否定，如“晋文公谲而不正”；也可能是用来表达动作发出者的观点态度，如“不远千里而来”；“不”后接形容词还能用来转指名词性词语，如“多行不义必自毙”中的“不义”等。受上古汉语否定句语序的影响，“不”后还可接代词宾语，如“恐年岁之不吾与”。此外，其后还可接介词、名词、数词等不同词类，部分用法在现代汉语中仍有迹可循。上古汉语另一个否定词“弗”跟“不”在表否定的用法上存在许多相似的地方，都能用于陈述、判断否定，都能作否定副词等。但二者在使用上的差别更多：从语法功能上看，“不”能与动词、形容词、名词、数词、代词、介词等多个不同词类搭配，而“弗”仅在有限的范围内同动词、形容词、名词搭配，几乎不与名词、数词、代词搭配；“不”能用作否定动词和副词，但“弗”只能作副词；从所表达的语气上来看，“不”字否定语气较轻但直接明确，而“弗”的否定语气更重，但语用表达上更为委婉含蓄。

“不”字否定意义的经常性使用还影响到“不”所组成的句式及其语气，“不”在疑问句中的出现为正反问句式的形成奠定了基础；由“不……乎”组成的疑问结构在语气上较陈述句更强烈，随着句式语气的增强，该结构成为上古汉语表达感叹的一种常见方式。由于存在古音同部关系，“不、否、丕”三者之间存在经常性的假借，而假借用法的不断发展，又影响了其他义项的假借，如“不”“否”本来只在否定意义上存在假借关系，后来假借意义逐渐发展到“否（pǐ，邪僻）”的义项上。除了最常见的假借义项，“不”在上古汉语中还可用作助词、方国名、姓氏等。

随着语言的不断发展，汉语的否定词系统也在逐渐发生变化，先秦汉语否定系统中所有的“不、非、弗、否、无、未、微、莫”等多个否定词，到中古时期都逐渐减少甚至消失，只剩下“不、非、未”等几个常用词。汉语否定词的消失和表义功能的重新分化组合，使“不”的用法越来越广泛且使用频率越来越高，从中古汉语和近代汉语的实际情况来看，“不”承担了“弗、无”等否定词的多种不同否定功能，其变化后的用法更加接近现代汉语。在中古汉语及近代汉语中，“不”开始虚化出助词用法、产生了双音节否定词如“不是、不必、不用、不要”，还在用法上跟其他类型副词出现趋同情况等。但总体来说，相比上古汉语，“不”的用法变化并不是特别明显，具体可参看吕叔湘（1982)、太田辰夫(1987)、杨荣祥（1999，1999)、刘敏（2010)、李倩倩（2014）等，限于篇幅，本书不复赘述。

第三章　现代汉语中“不”的考察分析[①]

本章将从用法分布、主观客观、时制时态三个方面对现代汉语否定副词“不”进行共时平面考察分析。

“用法分布”是一种笼统的说法，既包含句法范畴，又包括语义、语用范畴。本章讨论现代汉语中否定副词“不”的用法分布，侧重分析描写其语义句法相关问题，如“不”否定意愿、性状的表达形式及用于固定格式的表达方式；语用范畴不是研究重点，如“不”的语体使用、言语行为及其原则。

“主观客观”这两个概念，分别来自外来名词“Subject”和“Object”，原先运用于哲学界、心理学界和法学界，在汉语研究中属于语义范畴。“主观”与“客观”相对。“主观”体现在具有［+个人］［+意识］［+情感］［+认识］［+主观］［+意愿］［+判断］的语义特征。“客观”体现在具有［−个人］［−意识］［−情感］［−意愿］［+描述］［+客观］［+评价］[②]的语义特征。

“时制时态”，属于语法范畴。彭平（2002）指出，现代汉语中，“时制”（tense）是指动作情状发生的时间，表现为该时间与说话的时间或另一参照时间在时轴上的相对位置，包括“过去”“现在”“将来”等时间概念；“时态”（aspect）则指动作情状在某一时刻所处的特定状态，如“进行态”“完成态”等。

3.1　“不”的用法分布

本节以侯学超《现代汉语虚词词典》（1998）中“不”的注释为主要参考依

① 本章内容在赵明（2011）的基础上修订而成。

② 加号和方括号的用法，可参考邵敬敏等著《汉语语法专题研究》（增订本），北京大学出版社，2010年出版。

据，兼顾《现代汉语词典》《现代汉语八百词》等书籍的注释及其他文献资料，详细阐述否定副词“不”在现代汉语中的常用用法及分布状况。

3.1.1　“不”否定意愿的表达方式

3.1.1.1　“不”字独用

“不”用于应答句，表示否认对方的意见或看法，多用于答话。例如：

（1）阿清道：“我送你上车吧?”小杏说：“不。你要上班，我自己走。”（朱天文《风柜来的人》）

（2）娘又问：“你的记性很坏么?”他又摇摇头说：“不。我的记性可好哪!”（欧阳山《三家巷》）

“不”也可用于自述句，更正自己的说法。例如：

（3）你那么凶——在台湾，不，在香港，就有听说你们北京人大男子主义的。（石康《奋斗》）

“不”前面还可以有代词，或副词，或兼而有之，多用于儿童语言或口语。例如：

（4）我不！我要等阿爸阿妈回来一起喝！（冯苓植《雪驹》）

（5）“我不！我就不!”我还在哭叫。（冯苓植《雪驹》）

（6）“二嫂，求求你，可不要瞎说。我完了不怕，三哥他，我，我再也不了。”（柳建伟《金铃铛》）

在口语中，“动·不·动?”格式，当动词相同时，“不”后动词可省去。例如：

（7）咱的人，一个也不回来，今年不知道能回来一个也不?（孙犁《风云初记》）

我国的有些方言中，“不”用在句末表示疑问，跟反复问句的作用相同。例如：

（8）到最后法官让老吴做最后的陈述，老吴掏出纸说：“俺写好了，念中不?”法官说：“可以。”（何申《热河大兵》）

需要注意的是，“不”和“不是”都可用于答话，表示否定。凡可用“不是”回答的也都可用“不”。对祈使句、选择问句、反问句的否定回答只能用“不”，不能用“不是”。例如：

（9）甲：咱们今晚去看电影吧！

乙：不。/＊不是，我想看书。

（10）甲：我们是复习物理还是复习代数?

乙：不。/＊不是，咱们今天什么也不复习。

（11）甲：他怎么会知道？

乙：不。/＊不是，他就是知道了。

其中，例（9）是祈使句，表示建议或请求；例（10）中“是……还是”表明是选择问句；例（11）是反问句，表示惊讶、怀疑或不解的语气，暗含“他本来不应该知道却知道了”。

3.1.1.2 不＋动词（短语）

“不＋动词（短语）”表示否定要进行某种行为或对某种评述予以否定。例如：

（12）有一次局长打电话叫他，他不来，局长就通过市委把他叫来了。（《人民日报》，1956年4月1日）

（13）尽管饭菜十分丰盛，且有葡萄酒和咖啡，老妇人却什么也不喝。（《人民日报》，1997年3月25日）

（14）我们去年没见面，所以我不知道你几岁。（古龙《圆月弯刀》）

（15）她回家去找他，他不在家。（路遥《人生》）

（16）他不像余五那样有酒有饭，有寄托，有保障。（汪曾祺《鸡鸭名家》）

（17）他不爱喝中国酒。（张爱玲《半生缘》）

需要注意的是，有些动词孤立地看，不能加“不”，如“不醉”“不病”“不转入”“不沦落”“不误会”等。但入句后，这些动词仍然可以加“不”，表示未然，是对情况的描述，表性状，不表意愿。例如：

（18）白梅见阿桐喝了那么多酒还不醉，心中有点发怵，居然有那么大酒量的人？（南强《幸运》）

（19）想到如这回不病，此时正在纽约或华盛顿，尘途热闹之中，未必能有这般的清福可享，又从失意转成喜悦。（冰心《冰心全集第二卷》）

（20）就算你今后不转入这一行，但是想到自己能够同时兼顾两行，心里的成就感会让你的人生更快乐。（CCL网络语料）

（21）所以只要在第一阶段的小组赛中不沦落为最后一名，就是保组成功。（CCL报刊语料）

（22）只要你不误会就好了，赵哥说你的眼睛很亮。（席绢《爱你的十个理由》）

有些动词反映的行为或状态是“非自主”的客观存在，不能用“不”否定。例如：

（23）a. 看见：＊我不看见。

b. 碰见：＊刚才我不碰见熟人。

c. 瞧见：＊我不瞧见谁拿我东西。

例（23）可以说“我没看见”或“我看不见”，“刚才我没碰见熟人”，“我没瞧见谁拿我东西”。

在某些方言里，“不”表示“不用”“不要”的意思，限于某些客套话。例如：

(24)“你回去吧！俺妈和俺妹妹恐怕都睡下了。谢谢你！”那个人说：“不谢了。……”(李準《黄河东流去》)

(25)“我还有事，这就要出去，不送。”然后拿起衣包架上的公文包出门去了。(六六《蜗居》)

另外，需要注意的是，动词“有”的否定式是“没有”，而不是“不有”。

就言语行为来说，邵敬敏（2007：262）指出，“言语行为指的是用言语来施行各种语用意图的行为”，言语行为中存在一些最基本的行为原则，大致分为会话合作原则（包含数量准则、质量准则、关联准则、方式准则）和会话礼貌原则（含慷慨准则、谦虚准则、一致准则）两种类型。“不”用在“客气”前边，可以劝阻对方不必要说客气话，是礼貌用语，符合会话礼貌原则中的慷慨准则和谦虚准则。另外，除了劝阻对方不必要说客气的话、做客气的动作，“不客气”还可以表示不留情面，对人态度不礼貌、不谦让、不友好。例如：

(26) 他们的正直使他们对人不客气，可也使他们对事认真。(CCL 语料)

(27) 对方见只有他一个人，便气势汹汹地说：“许老头，别多管闲事，否则对你不客气！”[《人民日报》(海外版)，2001 年 4 月 26 日]

其中，例（26）的“不客气”表示不留情面，例（27）中的“不客气”表示对人态度不礼貌、不谦让、不友好，并含有威胁的意味。

3.1.1.3　不＋部分能愿动词＋宾语

“不”位于“部分能愿动词＋宾语”前表示否定意愿。黄伯荣、廖序东主编的《现代汉语》（增订六版下册）（2017：11）指出，“能愿动词，又叫助动词，能用在动词语、形容词语前边表示客观的可能性、必要性和人的主观意愿，有评议作用”，可以表示可能、必要或者意愿。例如：

(28) 他并不会水，又是独生子，平时连下沟洗澡、摸鱼，父母都不许可。(《人民日报》，1985 年 10 月 23 日)

(29) 以后我不要你寄钱了，现在我们都有了自己的收入。(《人民日报》，1958 年 12 月 3 日)

(30) 你要知道，你的失败，不是什么运气不运气的，而是现在的时代已不允许你作那只管自己，不顾社会的事情了！(老舍《大地龙蛇》)

(31) 我不能“白吃干饭”，而且别人也不让我“白吃干饭”。(巴金《随想录·再说创作自由》)

(32) 你家的住址我知道，可是你一向不愿意我们到你那儿来……(张爱玲《茉莉香片》)

(33) 各位朋友听了，你们姚冯两家都是我的好朋友，和谁我也没有仇恨，但是我就因为都是朋友，不愿你们杀人流血。(张恨水《北雁南飞》)

需要注意，这里只是部分能愿动词可以用“不+部分能愿动词+宾语”结构表示否定意愿，如上面例句中表意愿的能愿动词“许可”“要”“允许”“让”“愿意”“愿”。而有的能愿动词，比如表示可能的“能”“能够”“可”“可能”“可以”“会”，表必要的“要”“应”“应该”“应当”等就不能进入“不+部分能愿动词+宾语”结构表示否定意愿。也就是说，能进入“不+部分能愿动词+宾语”结构表示否定意愿的能愿动词基本上都是表意愿的，表可能和表必要的能愿动词则不可以。

3.1.1.4 不+介词短语+动词短语

“不”位于“介词短语+动词短语”前面，有时否定行为，有时连同行为的处所、时间、空间、对象、依据、条件、缘由等一起否定。

大部分介词前可加“不”，如“从——不从这儿走”“按——不按贡献大小分配”“把——不把对手放在心上”等。少数介词前不能加“不”，如“除了”“打从”“当”“对于”“关于”“基于”“鉴于”“较”“较之”“据”“距”“随着”“于”“自从”“由于”“被”等，如我们不能说“不对于这个意见发表看法”，而要说“对于这个意见不发表看法”或“不对这个意见发表看法”。

下面我们拿“被”来举例。“被”字句中不出现施事，“被”用在动词前表示被动的动作，这时是助词，前面可以加“不”。例如：

(34) 大部分业余时间和星期日也基本上不被占用，由教师自己支配。(《人民日报》，1959 年 7 月 17 日)

(35) 人要想在岛上不被冻死，该怎么办呢？(《人民日报》，1996 年 3 月 13 日)

(36) 网络账号不能注销，不仅是用户“被遗忘权”不被尊重的问题，在现有规定之下，也明显触碰了制度底线。[《人民日报》(海外版)，2017 年 10 月 12 日]

在“被”字句中，“被”前面的主语是动作的受事，后面则出现动作的施事(“被”字后表施事的名词有时可以省略)，这时“被”是介词，前面不能加“不”。例如：

(37) a. *信不被我寄走

b. *房间不被我们打扫干净

c. *那棵树不被(大风)刮倒

d. *他不被选为代表

“把”字句如要否定，“不”只能在“把”前，不能在“把”字短语后。例如：

(38) a. 他过去不把我当圈里的亲信。(王火《战争和人》)

b. ＊他过去把我不当圈里的亲信。

需要注意的是，“不”加在连动短语（包括前一个成分是介词短语）前表否定，从意思上说有三种可能：A. 否定两项，如“周末我不去学校上课”，既否定“去学校”，也否定“上课”；B. 否定前项，不否定后项，如“（对电工有规定）不带电作业”，只否定“带电”，不否定“作业”；C. 否定后项，不否定前项，如“不考试作弊”，只否定“作弊”，不否定“考试”。其中第三种情况出现得较少。

有时，同一否定式，因上下文不同，否定项也不同。例如：

(39) a. 他天天去图书馆，从不在家看书。

b. 你不在家看书，整天看电视。

(40) a. 奶奶没进过城，也从不花钱看电影。

b. “什么人从不花钱看电影?”“电影放映员呗!”

(41) a. 我不对你发脾气，我对我自己发脾气。

b. 我不对你发脾气，我知道，发不发脾气对你都一个样。

例（39）a 属于 B，否定前项，不否定后项，例（39）b 属于 C，否定后项，不否定前项。例（40）a 属于 A，否定两项，例（40）b 属于 B，否定前项，不否定后项。例（41）a 属于 B，否定前项，不否定后项，例（41）b 属于 A，否定两项。

3.1.1.5　不＋副词＋动词短语

“不”位于“副词＋动词短语”前面表示部分否定。这时，“不”否定的中心在于前面的副词，而不在于后面的动词短语。比如“都”“单”“完全”“一定”“马上”“曾”“只”“仅仅”“一起”等，以及表示程度或范围的“光”“很”“还”等都属于这类副词。例如：

(42) 继父母与继子女之间，并不都产生父母子女间的权利义务关系，只有形成抚养关系，才产生父母子女间的权利义务关系。(《人民日报》，1994 年 2 月 1 日)

(43) 虽然我并不完全赞同你的观点，但我能明白你为什么会这样想。(CCL 网络语料)

(44) 伟大领袖毛主席教导说：“我们的政策，不光要使领导者知道，干部知道，还要使广大的群众知道。”(《人民日报》，1971 年 3 月 21 日)

(45) 这也是为什么道人说中欧学生并不很在乎学历的原因之一。(CCL 语料，当代应用文社会科学《MBA 宝典》)

上例中，“不都”“不完全”“不光”“不很”要表达的意思分别是“一部分产生父母子女间的权利义务关系，一部分不产生”“只是部分赞同你的观点”“不只是要使领导者知道，干部知道，还要使广大的群众知道”“在乎学历，但不是特别在乎”，都表示部分否定。如果上例中删去副词“都”“完全”“光”“很”，“不”就从否定副词变为否定后面的动词短语，整句话的意思都变了，分别变成“不产生父母子女间的权利义务关系”“不赞同你的观点”“不要使领导者知道，干部知道”“不在乎学历”，即句子由部分否定变成了全部否定。

另外，还要注意区别“副词+不+动词短语”和“不+副词+动词短语”。“副词+不+动词短语”结构中，“不”否定的不是它前面的副词，而是后面的动词短语，表示全部否定，而且是加强语气的否定，如“完全不赞同你的观点”表示完全反对你的观点，一点都不赞同你的观点，当然不同于“不完全赞同你的观点”。“不+副词+动词短语”表部分否定，一部分赞同，一部分反对，语气比较舒缓中庸，既不强烈也不鲜明。

“不”还有一些用法，用在问句里表示“不是”的意思。例如：

(46) 我不早告诉过你，一个人除非心里早有准备就不能忍受我的相貌么？(冰心《冰心全集第五卷》)

3.1.2 “不”否定性状的表达方式

3.1.2.1 不+形容词（短语）

“不”位于“形容词（短语）”前面表示否定事物具有某种性质状态，如“不帅”“不大”“不匀称”“不快乐”“不小心”等。

有些形容词伴以别的成分，用“不”否定会更自然，如“水位低了不少了”“不烂一点，老人吃不动”“形势并不危急”。

状态形容词一律不能加“不”，以下例子都是错误的表达：

(47) a. 雪白：*很多人喜欢不雪白的墙壁。

b. 翠绿：*放眼望去，满山不翠绿。

c. 红红儿的：*小女孩的脸蛋不红红儿的。

d. 慢慢儿的：*她平常说话不慢慢儿的。

另外，“不”加在名词或名词性词素前面，构成了形容词，如“不法”：

(48) 对婚介广告的用语要加以规范和引导，使得一些不法“婚托”无空子可钻。(《文汇报》，2002年12月9日)

3.1.2.2 不+名词（短语）

“不”位于“名词（短语）”前面时，表示否定事物具有某种性质状态。本来是名词的，由于特殊的表达需要，而被用作形容词，这是名词的临时“活用”，属于名词的跨类现象。“不”修饰限制名词性结构，主要用于新兴网络用语，源于人们求新、求异、求变的社会心理。

一般来讲，否定副词“不”修饰名词（短语）的现象不如“不”修饰形容词（短语）那么常见，而且不是所有名词（短语）都能受否定副词“不”修饰。例如，我们不能说“不手机”“不桌子”“不茶杯”“不大房子”“不锅碗瓢盆”等等。但我们可以说“不美国”“不小资”“不青春”“不当代”“不淑女”“不绅士”“不势利眼”，等等。从语义方面分析，只有那些表意明确、形象生动、特征突出、容易与其他事物区分开来的名词，才可以受否定副词修饰，否则不可以。例如：

（49）华盛顿：一座不美国的美国城市。［“流浪在厦门”（自媒体公众号），2019 年 8 月 28 日］

（50）在厦门，你可以不小资，但一定要有情调。［“深夜谈吃”（微信公众号），2017 年 5 月 8 日］

（51）加油吧，少年，无奋斗不青春！（《扬州网》，2020 年 2 月 28 日）

（52）国画是中国艺术最重要的门类之一，国画不当代，何谈中国当代艺术？（国际在线论坛，2012 年 4 月 13 日）

（53）终于知道为啥现在有那么多女汉子了，因为男的不仅越来越不绅士，甚至愈发娇弱。（BCC 微博语料）

例（49）“不美国”，即指不具有美国的典型特征，意思是说华盛顿是一座非常不典型的美国城市。例（50）“小资”即“小资产阶级”，含义是“有点钱又有点闲”，干净、优雅、博学、讲究，有一定的生活品味、思想水准和艺术鉴赏力，追求内心体验、物质和精神享受的人。“不小资”，即指不具有小资产阶级的典型特征。例（51）“青春”的典型特征，指精神昂扬、积极向上、充满活力和希望，而“不青春”，即指不具有这些典型特征。同样，例（52）“不当代”即指不具有“当代”的一些典型特征，例（53）“不绅士”即不具有“绅士”的典型特征。

从认知语言学角度来看，这是概念隐喻和概念整合作用的结果。概念隐喻方面，“不＋名词（短语）”的用法属于概念的隐喻性建构，概念形成根植于普遍的躯体经验，特别是空间经验，这一经验制约了人对心理世界的隐喻性建构。概念整合方面，人们在各类认知活动中，往往以心理空间为单位，整合建立了新的语言心理空间，进而导致新变化出现，然后产生与原意义相似的新意义，从而达到拓展语言功能和语义内涵的效果。

3.1.2.3　不＋副词＋形容词

在“不＋副词＋形容词”结构里，副词主要包含一些类似“很”“最”“太”“过于”“十分”“非常”的程度副词。例如：

（54）其实，有些案件的处理，倒是实在不很严肃，甚至很不严肃的。（《人民日报》，1985 年 8 月 19 日）

(55) 其实，新华书店是否该在都市黄金地段占有一席之地，我以为并不最重要。(《人民日报》，1995 年 1 月 23 日)

(56) 至于我这个人呢，你总也看得清楚了，才干多少有一点，面貌也不太丑，岁数还不太大，我觉得没有什么辱没你的地方！(老舍《谁先到了重庆》)

(57) 另外在社会上又似乎只要作者不过于谨慎认真，只要在官场中善于周旋，便也可以随处随时得到种种不认真的便利。(沈从文《长河》)

(58) 一股辣气慢慢的，准确的，有力的，往下走，他伸长了脖子，挺直了胸，打了两个不十分便利的嗝儿。(老舍《骆驼祥子》)

(59) 说着，还跺跺脚，两人并排站着，总算互相都有个“伴”了，虽不讲话，也感到不非常孤单了。(王火《战争和人》)

需要注意，“不+副词+形容词”和“副词+不+形容词”两种结构不仅句法分布不同，语义类型不同，语用语气也不同。“不+副词+形容词”结构并不否定人或事物的性状、情态等，只表示性状、情态等未达到某种程度，“不”修饰限制的对象不是“形容词”而是“副词”，也即否定副词“不”的语义指向不在“形容词”而在“副词”。而“副词+不+形容词”结构则表示否定人或事物具有某种性状、情态等，“不”修饰限制的对象是“形容词”，“副词”又对“不+形容词”进行修饰限制，即否定副词“不”的语义指向在“形容词”而不在“副词”。拿例（54）举例来说，“不很严肃”，并不否定“严肃”，只否定“很”，表示虽然严肃，但不是特别严肃，语气稍缓和；“很不严肃”，则否定了“严肃”，指特别不严肃，程度深、性质重，语气强烈。

3.1.2.4 不+部分述宾短语

“不”位于部分述宾短语前面表示否定具有经常性、习惯性、普遍性的行为。例如：

(60) 传说中有两位推销鞋的商人，同到某个热带地区，一个去了立即回来，说是当地所有的人都不穿鞋，没有鞋的市场。[《人民日报》(海外版)，2000 年 5 月 23 日]

(61) 在饮食起居方面老人十分有规律，从不吸烟，从不喝酒。[《人民日报》(海外版)，2005 年 10 月 29 日]

(62) 陈云同志患有青光眼和白内障等眼疾，所以晚年他不看电视。(《人民日报》，1995 年 5 月 29 日)

(63) 他的身体一向很好，精力充沛，甚至不睡午觉。(《人民日报》，2002 年 2 月 28 日)

需要注意的是，“不+部分述宾短语”既可以否定意愿，又可以否定性状。因此，如果孤立地看该短语结构，就会产生歧义，只有放在特定的语境里，才可以确定其确切的意义。拿“不吃鸡蛋”来说，孤立地看“不吃鸡蛋”是有歧义的，既可以否定意愿，又可以否定性状。在下列句子中，由于有了语境的制约，“不吃鸡蛋”的意义就明确了，要么表示意愿的否定，要么表示性状的否定，例如：

(64) 我决定了，以后不吃鸡蛋了。(BCC微博语料)

(65) 对不喜欢的东西都有种抵触感，就算它再好还是会没办法接受，就像这么多年来一直不吃鸡蛋不吃葱不吃韭菜一样，我还是没办法接受它们。(BCC微博语料)

其中，例(64)表示意愿上的否定，表示以后不想吃鸡蛋了，例(65)表示对性状的否定，因为个人口味或饮食习惯而不喜欢吃鸡蛋。

3.1.2.5　不+部分能愿动词+宾语

“不”位于“部分能愿动词+宾语”前面表示不具有或不应有某种可能、性质，不表意愿。例如：

(66) 没有中国共产党领导全国人民实践这一理论和路线，就不可能有15年改革开放的伟大成就。(《人民日报》，1994年6月14日)

(67) 毛泽东同志在“新民主主义论”中就早已警告我们切不可以“颂古非今”。(《人民日报》，1957年9月11日)

(68) 管理机构对基层不应当“管”字当头，应当为生产服务。(《人民日报》，1966年4月10日)

(69) 企业经营责任制应该具有多种形式，而不应该“一刀切”。(《人民日报》，1983年8月19日)

(70) 英国官方认为，英镑下跌属于“正常现象”，不值得“大惊小怪”。(《人民日报》，2016年10月11日)

以上几例中“可能”“可以”“应当”“应该”“值得”都属于能愿动词，其中“可能”“可以”表示可能，“应当”“应该”“值得”表示必要。例(66)“不可能”表示客观上没有可能，例(67)“不可以”表示事理上不许可，例(68)“不应当”表示情理或事实上不许可，例(69)“不应该”表示情理上不允许这么做，例(70)“不值得”表示不具有某种价值或能力。可见，能进入“不+部分能愿动词+宾语”结构，表示不具有或不应有某种可能、性质，不表意愿，基本上都是表可能或表必要的能愿动词，表意愿的能愿动词则不可以。

3.1.2.6　述语+不+补语（动词/形容词）

述补词组前后是补充与被补充关系，分为数量补语、情态补语、结果补语、趋向补语、可能补语、程度补语等几类。“述语+不+补语（动词/形容词）”属于述补词组中可能补语的否定形式。“不”用在述补结构中间，可分为两种情况，一种是结果补语中间插入“不”表示不可能达到某种结果，另一种是趋向补语中间插入“不”表示不可能达到某种趋向，二者均表示性状，不表示意愿。结果补语中间插入“不”的如“写不清楚”，趋向补语中间插入“不”的如“爬不起来”，不是主观上不想写清楚，不愿爬起来，而是对写和爬的程度和行为的描述：写而不清楚，爬而起不来。再如：

(71) 在模拟失重的水槽里，景海鹏一泡就是三四个小时，吃饭时连筷子都拿不动。(《人民日报》，2017 年 4 月 18 日)

(72) 离开了党，离开了群众，我什么事情也做不好。(《人民日报》，1966 年 5 月 23 日)

(73) 这个班的人可真多，小小的教室快要装不下了。[《人民日报》(海外版)，2000 年 6 月 20 日]

(74) 有一次我买来煮粥，发现怎么煮都煮不烂，味道也不怎么样。[《人民日报》(海外版)，2016 年 9 月 8 日]

(75) 回到家，衣裤冻得硬硬的，扒都扒不下来。(《人民日报》，1996 年 9 月 13 日)

(76) 她一家 7 口这点儿粮，填不了几天肚子。(《人民日报》，1996 年 7 月 26 日)

例 (71)“拿不动”中动词“动”作结果补语，例 (72)“做不好”中形容词“好”作结果补语，例 (73)“装不下”中动词“下”作趋向补语，例 (74)“煮不烂”中形容词“烂”作结果补语，例 (75)“扒不下来”中动词“下来”作趋向补语，例 (76)“填不了几天肚子”中动词“了”作结果补语，读音“liǎo”。需要注意的是，可能补语的否定形式是“述语+不+补语（动词/形容词)”，但肯定形式并不是简单地删去“不”变为“述语+补语（动词/形容词)”，而是将“不”换为“得”，即“述语+得+补语（动词/形容词)”，表示有可能达到某种结果或趋向。拿上面的例子来说，“写不清楚”“爬不起来”“拿不动”“做不好”“装不下”“煮不烂”“扒不下来”“填不了几天肚子”的肯定形式分别是“写得清楚”“爬得起来”“拿得动”“做得好”“装得下”“煮得烂”“扒得下来”“填得了几天肚子”。

3.1.3 “不”用于固定格式的表达方式

“不”用于固定格式的表达方式有很多，仅“不”字开头的熟语，就有“不卑不亢”“不辨菽麦”“不耻下问”“不到黄河心不死”“不二法门”“不费吹灰之力”“不管三七二十一”“不见棺材不落泪”“不胫而走”“不经一事不长一智”“不可同日而语”“不郎不秀”“不落窠臼”“不平则鸣”“不入虎穴焉得虎子”“不祧之祖”“不学无术”“不亦乐乎”“不赞一词”，等等。

本节将分别对“不X不”“不X也X”“管它/什么X不X”“爱X不X(的)”“不X不Y”“不X而Y”“不（是）X，就（是）Y”“半X不Y”“无X不Y”等含有“不”的固定格式加以描写分析。

3.1.3.1　不X不

“不X不”表示双重否定，指为情势所迫，必须如此；道理明显，必定如此。X多为能愿动词（如“敢”“能”“该”“可”），少数是判断动词（如“是”“算”）。例如：

（77）好不容易来了两个人，向我们要小费，不知他们是谁，又不敢不给，给了些美元。（余秋雨《千年一叹》）

（78）作为商家，不能不懂得，薄利多销是一个铁的经营法则。（《人民日报》，1994年11月22日）

（79）那天我回到家里，坐在床边，把春生的事跟家珍说了，家珍听了都低下头，我就说：“当初你不该不让春生进屋。”（余华《活着》）

（80）现在，农民及其子女不是不想上学，而主要是由于农村学校的教育不对路。（《人民日报》，1983年3月10日）

有的没有原因，双重否定只为了加强肯定，例如：

（81）结结巴巴的，他把昨夜晚的事说了一遍，虽然很费力，可是说的不算不完全。（老舍《骆驼祥子》）

（82）往日同游的朋友，虽然已经云散，然而鱼翅是不可不吃的，即使只有我一个……（鲁迅《祝福》）

3.1.3.2　不X也X

在“不X也X”格式中，“不X”先是否定了X，后面的“也X”又对X表示了肯定，“也”表示委婉语气，将前后联系在一起。从表面上看，语义前后矛盾，实际上该格式更加鲜明、生动地表示了一种转折义。X可以是动词、形容词或少部分名词。例如：

（83）凤生叹息道：“我是个莽汉，不懂得说什么安慰你的话，只是事情不发生也发生了……”（黄鹰《天魔》）

（84）天时、地利、人和，最要紧的还是人和。人和了，天时不好也好了。地利不利也利了。（萧红《呼兰河传》）

（85）请人吃也吃人请，朋友更朋友了，不朋友也朋友了，一来二去，我看出点门道，总结总结，叫作“吃请三戒”定理。（庞壮国《古道》）

“不X也X”格式在句子中可以做主语、谓语、定语和补语，或独立成句，或以复句中的分句形式出现。例如：

（86）这种没有意义的“不忙也忙”不仅不会给他们带来安全，反而会让他

们陷入危机。(墨羽《你只是看起来很忙》)

(87) 妻子本来想瞒着我，结果电视上在播，报纸上在登，孩子们回了家也说，我不知道也知道了。(黄风《静乐阳光》)

(88) 裘德看着坐在椅子上，衣服湿得粘在身上的苏，看着她那一种似爱非爱，不爱也爱的态度，心中激情跳荡。(潘晓娟《雾都玫瑰》)

(89) 你来得不巧也巧，每次都是靠了你，才救了他一条小命，这就是缘。(李树型《墨子之战》)

(90) 不行也行！新东方优能中学教育告诉你如何备战2016广东高考听说考试。(中国教育在线，2015年11月2日)

(91) 远来的和尚会念经，不好听也好听。(范惠德《孪生梦》)

其中，例（86）“不忙也忙”作主语，例（87）“不知道也知道”作谓语，例（88）“不爱也爱”作定语，例（89）“不巧也巧”作补语，例（90）“不行也行”独立成句，例（91）“不好听也好听”作复句中的分句。

3.1.3.3 管它/什么X不X（的）

“不”字前后叠用相同的词，常在前边加“管它/什么”，构成“管它/什么X不X（的）”，表示对提出的X不介意、不在乎，或不相干而予以否认。“管它X不X”多数都是表示对X不介意、不在乎，“什么X不X”既可以表示对X不介意、不在乎，也可以表示不相干而对X予以否认。X可以是动词（短语）、名词（短语）、形容词（短语）。例如：

(92) 我还没有“下楼”……老子就在楼上住着，管它“下楼”不“下楼”！(古华《芙蓉镇》)

(93)“管它明信片不明信片的，吉姆，”他说，“让它自个儿呆那儿吧。”(斯蒂芬·里柯克《我在生意上是如何成功的》)

(94) 丁双喜：勇就行啊！管它乱不乱呢！高永义：双喜，又勇又不乱一定更好！(老舍《神拳》)

(95) 什么亲戚不亲戚，只有工会才是我们的靠山。(《人民日报》，1952年4月21日)

(96) 樱桃道：“怕是一路上累着了吧？”端敬道：“说什么累不累的，惯了。”语调颇为落寞，樱桃不禁心中一动。(须兰《樱桃红》)

(97)“哪里是我弄来得，是你的闺女让我拿来，孝敬她干爹的。”“什么闺女不闺女的？你这张嘴整天就知道胡说！”(格非《山河入梦》)

(98)“什么风险不风险，”杭天醉探谦洒洒下了台阶，“有茶清伯在，还有什么风险？”(王旭烽《南方有嘉木》)

(99) 什么佛爷不佛爷的，都是瞎扯。(《人民日报》，1967年1月2日)

上例中，例（92）至例（96）表示不介意、不在乎X，例（97）至例（99）

表示否认存在着X。其中，例（96）中，“怕是一路上累着了吧”里的“累”是动词，表“使疲劳，使劳累”，动词宾语“你”省略；“说什么累不累的”里的“累”是形容词，表“疲劳”[《现代汉语词典》（第7版），2016年：第791页：“累”可作形容词、动词——笔者注]。

格式“管它X不X”与“什么X不X”还可以组合起来用，构成“管它什么X不X”格式，表示不在乎、不介意，X多数时候作为名词。例如：

（100）他不喜欢宗教，可是青年会宿舍是个买卖，管它什么宗教不宗教呢！（老舍《文博士》）

（101）管它什么疑兵不疑兵，咱只要大刀一挥，一个冲锋，登上城头，割下袁蛮子的猪头，就完成了任务。（李文澄《努尔哈赤》）

另外，与该固定格式相关的有“X不X”，如表示征求意见的“好不好”“行不行”“可以不可以”，对动作意愿表示疑问的“去不去”“走不走”“吃不吃”；还有“X不X（，）Y不Y”格式，如表示性状界限模棱两可、不清晰不明确的“人不人，鬼不鬼”“男不男，女不女”“土不土，洋不洋”“中不中，西不西”“古不古，今不今”，等等。例如：

（102）假若今年，北平人已成了这么人不人鬼不鬼的样子，明年应当怎样呢？（老舍《四世同堂》）

（103）现在的长毛，只是剪人家的辫子，僧不僧，道不道的。（鲁迅《呐喊·风波》）

3.1.3.4　爱X不X（的）

“爱X不X（的）”格式可分为两种情况：

A. 表达说话人意愿。X或不X，听凭他人或听话人决定，不勉强。这是不尊重的语气，这时只用“爱X不X”。例如：

（104）“不知道，没听说。她来是不是有别的事呵？管她呢，爱来不来。”燕生的表情像孩子一样天真无邪。（王朔《橡皮人》）

（105）打我参加工作，我就没给过吃饭的好脸子，爱吃不吃，不吃就滚，谁也没请你来。（王朔《千万别把我当人》）

（106）“爱吃不吃，真他妈不识好歹。”马林生愤愤地甩手离开。（王朔《我是你爸爸》）

（107）社员来买东西只能看看样子，如果要求换换样，营业员就说：爱买不买，就这玩艺。（《人民日报》，1953年8月20日）

B. 描述礼仪交际情状。“爱X不X”偏指“不X”，即不愿意、不耐烦、不屑于X。这时用“爱X不X”或“爱X不X的”均可。例如：

（108）你看他们那个横样子，见了我们爱搭理不搭理的。（孙犁《荷花淀》）

（109）原来他妒忌。我突然觉得很快乐，他妒忌我和另一个男人谈话，他不

是一直都爱理不理的吗?(张小娴《面包树上的女人》)

(110)“老妈妈你儿子犯了什么罪啊?”那母亲爱理不理的:“你问我我问谁去?”(CCL语料库，当代电视剧《大宋提刑官》)

另外,“爱理不理”也说“待理不理”或“带理不理”。例如:

(111)尤老二带理不理地走出来，老褚后面跟着。(老舍《上任》)

3.1.3.5　不X不Y

上文“不X不”的格式中，X多为能愿动词，少数是判断动词，音节数不固定，意义上表示双重否定，为情势所迫，必须如此；道理明显，必定如此。“不X不Y”格式则是固定的四字格式，X与Y均为单音节名词、动词或形容词，存在某种内在的联系，用法意义也与“不X不”不同。“不X不Y”格式可分为以下四种情况:

A. X和Y为单音反义形容词，如“不软不硬”“不胖不瘦”“不肥不瘦”“不高不矮”“不多不少”“不快不慢”“不高不低”“不大不小”“不上不下”等。“不X不Y”可以表示既不X又不Y，程度适中，恰到好处。例如:

(112)大嫂一看，嗬!不大不小、不肥不瘦，正好合身，真变成个活灵活现的小海军了。(《人民日报》,1961年5月11日)

(113)涂师讲课条理清晰，不快不慢，常就一些似是而非或似非而是的问题向学生指名提问，锻炼学生思考能力。(《人民日报》,1991年10月27日)

需要注意的是,“不X不Y”格式还可以表示X和Y的条件均不满足，导致地位、处境尴尬，例如:

(114)沃尔沃斯提供的大路货已不能满足中产阶级的需求，其商品的档次处在中上层收入者不屑一顾，低收入者又嫌贵的不上不下的地位，因此在价格竞争中不再具有优势。(《人民日报》,2003年4月7日)

(115)跟近两年才开展活动并很快获得命名的校园足球特色学校相比，这样不上不下的状况才尴尬。(《人民日报》,2017年2月21日)

B. X和Y为单音节名词，如“不中不西”“不古不今”“不人不鬼”“不男不女”等。这时,“不X不Y”主要表示不以为然。例如:

(116)不少美术学院的学生，学了多年的画，还不懂冷暖关系，不懂冷暖之间要有一个过渡，不懂中国画的特殊色彩学，不少画变得不中不西，不古不今。(《人民日报》,2003年7月17日)

(117)与其这样不人不鬼地活着，还不如死了好……(莫言《蛙》)

C. X和Y为单音节动词，如“不醉不休”“不破不立”“不塞不流”等。这时,“不X”是“不Y”的条件,“不X不Y”主要表示“如果不……就不”。例如:

(118)我同两位护兵此兄彼弟地说笑着，存心要把人家的喜酒喝个不醉不

休。(李健吾《一个兵和他的老婆》)

(119) 不破不立，不塞不流，不止不行，它们之间的斗争是生死斗争。(毛泽东《新民主主义论》)

D. X、Y意义相近，为拆开的双音词，如“不干不净”“不言不语”等。这时，“不X”“不Y”是并立否定，“不X不Y”主要表示“既不……也不”。例如：

(120) 农村出身的我，有时还以“不干不净，吃了没病”的农民俗话，来原谅自己常有的疏忽。[《人民日报》(海外版)，2003年6月6日]

(121) 更不像话的是，秀莲对待老人的态度也不像前几年那样乖顺；回到家里，常常闷着头不言不语。(路遥《平凡的世界》)

3.1.3.6　不X而Y

“不X而Y”表示不具备导致某种结果的条件却得到某种结果，多为成语，如“不劳而获”“不治而愈”“不期而遇”“不翼而飞”“不寒而栗”“不谋而合”“不劳而食”“不言而喻”“不约而同”等。

“不X而Y”在句子中可做主语、谓语、宾语、定语、状语或者补语等。例如：

(122) 劳动是光荣的，不劳而获是可耻的。(《人民日报》，1963年6月1日)

(123) 我们在黔东南小七孔景区游览时，与一个小姑娘不期而遇。(《人民日报》，2016年6月4日)

(124) 我一想到这个条约是在大多数人民正在反对的时候通过的，就感到不寒而栗。(《人民日报》，1960年5月23日)

(125) 突然而至的疾病改变了孙有元的命运，他开始了不劳而食的生活。(余华《在细雨中呼喊》)

(126) 结果，大家不约而同地告诉她，学英语没有捷径，背单词、背书就是唯一的捷径。(土一族《从普通女孩到银行家》)

(127) 我们又像在水里拦截一条来回奔跑的鱼，手忙脚乱，却又做得不约而同。(冯骥才《雪夜来客》)

其中，例(122)“不劳而获”作主语，例(123)“不期而遇”作谓语，例(124)“不寒而栗”作宾语，例(125)“不劳而食”作定语，例(126)“不约而同”作状语，例(127)“不约而同”作补语。

3.1.3.7　不(是)X，就(是)Y

“不(是)X，就(是)Y”格式可分为三种情况。

A. “不(是)X，就(是)Y”用于选择复句，表示二者选一(也称限选)，只有一项是事实。例如：

(128) 沉默呵，沉默呵！不在沉默中爆发，就在沉默中灭亡。(鲁迅《纪念刘和珍君》)

(129) 实话告诉你，现在谈不到两全其美，不是鱼死，就是网破。(李英儒《野火春风斗古城》)

(130) 我们和你们是敌人，敌人之间找不到共同的感情，没有什么交道可打，不是你死，就是我活。(冯志《敌后武工队》)

B. “不（是）X，就（是）Y”用于选择复句，表示逐一列举，交替存在，都是事实。例如：

(131) 你的心里一直只有你的夏天，你的夏天不在办公室，就在家里。(BCC 微博语料)

(132) 不是你拉我的衣服，就是我扯你的辫子……感觉随时都会有小萝卜头大哭出声似的。(温妮《绿茶美人》)

C. “不 X，就 Y”用于假设复句，表示缺少某一条件必然导致某一结果。“不 X”表假设的状况，“就 Y”表示按此假设导致的结果，实际上相当于“如果不……就”的紧缩形式。例如：

(133) 不好好学习技术，就要给国家造成损失。(《人民日报》，1954 年 12 月 8 日)

(134) 不好好学习新愚公的“大智”，就不可能真正学到新愚公的“大勇”。(《人民日报》，1965 年 6 月 26 日)

3.1.3.8 半 X 不 Y

在“半 X 不 Y”格式中，X 与 Y 既可以相同，如“半人不人”“半大不大”“半听不听”“半懂不懂”，也可以不同，如“半文不白”“半死不活”“半生不熟”“半明不白”。通过对语料的归纳分析，“半 X 不 Y”格式中的 X、Y 可以作为名词性、动词性或形容词性成分。

由于“半”具有部分否定和部分肯定的意义，否定副词“不”表示对事物、动作、情状的完全否定，且 X、Y 项既可以意义相同或相近，也可以相反或相对，因此，“半 X 不 Y”格式的整体意义就比较特殊，具有主观性、模糊性和已然性的语义特征，说话者视角、观点不同，会影响整个格式的语义重心，具体则要区分情况分别讨论。例如：

(135) 一天，院方叫他把两个半大不大的尸体，弄到屋后山，挖个洞葬了。(《人民日报》，2000 年 6 月 17 日)

(136) 他的讲话，不像是活人在传达自己的思想、见解，倒像收音机在放送一种半文不白的缺乏文采的文章。(杨沫《青春之歌》)

(137) 我跑上前去，摘了一把杏子，边走边吃，半生不熟的杏子吃到嘴里，

又涩又酸，我又跑到河边喝了几口水。(《人民日报》，1996年10月23日)

“半X不Y”格式在句子中可以充当主语、谓语、定语、状语、补语等各种句法成分。具体来说，主要充当谓语、定语成分、状语和补语成分，做主语的情况比较少见，有时还与助词“的”构成“的”字结构一起作为宾语，表现出特定的句法特征。下面拿“半死不活”举例：

(138) 在原有体制下，封闭呆滞、半死不活是普遍现象。(《人民日报》，1992年12月11日)

(139) 我村原先也有几家企业，但大多半死不活。(《人民日报》，2002年3月21日)

(140) 正常的状况应该是熙熙攘攘，有来有往，没有马拉松起跑时的那种挤劲儿，也没有马拉松快到终点时只剩下几个半死不活的。(陆文夫《文学小道上的今昔》)

(141) 杨大夫也是五十多岁的人了，背我这么个半死不活的人，受得了吗？(《人民日报》，1981年3月29日)

(142) 有的地方却搞了些“胡子工程”，多少年过去了，工程还在半死不活地耗着。(《人民日报》，1999年4月28日)

(143) 这两个小村的农民，从前都被反动政府拖得半死不活。(《人民日报》，1954年3月1日)

其中，例(138)“半死不活”作主语，例(139)“半死不活”作谓语，例(140)“半死不活”与助词“的”构成“的”字结构作宾语，例(141)“半死不活”作定语，例(142)“半死不活”作状语，例(143)“半死不活”作补语。

3.1.3.9　无X不Y

“无X不Y”格式可分为三种情况。

A. 表示周遍义。“无”是动词，表示“没有”。“无X不Y”即表示“没有一个X不Y”“所有的X都Y”。X主要为单音节，名词最多，也有动词、形容词、数词等，Y主要为动词、形容词。如“无商不奸”“无奸不商”“无话不谈”“无恶不作”“无孔不入”“无微不至”“无奇不有”“无坚不摧”“无人不知”“无处不飞歌”等。例如：

(144) 人们常说“无商不奸”，其实这话不全面——好的商人还是多，奸商毕竟少。(《人民日报》，1997年6月27日)

(145) 我和父母是最好的朋友，我们之间无话不谈。[《人民日报》(海外版)，2000年9月27日]

B. 表示条件义。“无”是动词表“没有”，无X就会导致不Y的结果，X是实现Y的必要条件。X主要为单音节，名词最多，也有动词、形容词、数词等，Y主要为动词、动词性短语或形容词。如“无肉不欢”“无信不立”“无粮不安”

“无军不稳”“无农不稳”“无工不富”“无商不活”“无风不起浪”“无酒不成宴”“无鸡不成席”“无钱不办事”“无事不登三宝殿”等。例如：

(146) 马光佐生下来不到三个月，吃饭便是无肉不欢，面前这四大盆素菜连油腥也不见半点，不禁大失所望。(金庸《神雕侠侣》)

(147) 这样的说法来到我家时，让我在某个下午听到父亲激动无比地对哥哥说：“无风不起浪。村里人都这么说了，看来政府的人马上就要来了。”(余华《在细雨中呼喊》)

C. 表示新兴流行构式义。“无X不Y”，要求X是Y范畴中的典型成员，“无”“不”双重否定从主观上强调了X在Y范畴中的重要地位，即X决定了Y范畴的凸显意义。根据目前已搜索出的语料，构式中X变项情况比较复杂，而Y主要为双音节名词，如“无奋斗不青春”“无信念不青春”“无高考不青春”“无兄弟不篮球”“无犀利不性格”“无火锅不中国”“无道德不新闻”“无烧烤不夏天”等。例如：

(148) 无高考不青春，未来的你，一定会感谢现在拼尽全力的自己。(“宝宝知道”百家号，2018年6月14日)

(149) 无兄弟不篮球，伟大不止于在球场之上，球场之下才是兄弟情义。(商洪霞“霞光满天”百家号，2018年12月8日)

(150) 他说：“有了大家在后方支持，我觉得在前线一点都不辛苦。无信念不青春，无奋斗不青春，作为一名共青团员，我一定会努力向前!”(“四川民生报道网”百家号，2020年2月20日)

3.2 “不”与主观客观

3.2.1 主观和客观的理解

“主观”与“客观”相对，分别来自外来名词“Subject”和“Object” 原先应用于哲学界、心理学界和法学界，在汉语研究中属于语义范畴。词语和句子都可以体现出主观和客观。

对于主观和客观的理解，很多工具书和论文著作都有自己的见解阐述。本书采用文贞惠(2003)对主观和客观的理解：“所谓的‘主观’是相对于客观而言的，它是属于自我意识范畴的，是人们对客观现实情状的自我表现及相应的能动反应。人们在社会环境中无论是对待、观察一个客观情境，还是做一件事情或者说一件事情，几乎不可避免地要用一些明确的语言形式来表达说话人的认识、视角和情感。也就是说，人们在社会实践或认识、对待客观规律的过程中总想用有限的词语或语句表达、传递尽量多的信息，同时，还根据自我意识和自己的知识来判定命题的真实与否、理解不确定的信息，甚至自觉地改造、推动客观规律，这时总是带有说话人推断的性质，总是涉及说话人的认识、判断、视角、态度、感情、意向以及心理扫描、心理想像等。而所谓的‘客观’是跟‘主观’相对的概念，它是属于意识之外的，不依赖主观意识而存在的，按照客观现实情状的本来面目去考察、描述、报道的，不加任何个人观点、情感的精神概念。这种主观（认识、视角、情感）和客观（描述）经常以各种不同的方式在语句中体现出来。”

可以看出，“主观”，体现在具有［+个人］［+意识］［+情感］［+认识］［+主观］［+意愿］［+判断］的语义特征。“客观”，体现在具有［−个人］［−意识］［−情感］［−意愿］［+描述］［+客观］［+评价］的语义特征。

3.2.2　“不”与主观

现代汉语否定副词“不”用在主观性句子中，表示主观性否定，表明说话人对某人或事的主观态度，从而使得整个句子能够表达一种主观意愿或主观判断。

“不”修饰的后加成分是动作行为动词或状态动词、动补短语、“介词+动词短语”、“形容词+动词短语/能愿动词”、能愿动词，或者“不”单独使用，整个句子能够表达一种主观意愿和主观意志。例如：

（151）老迅，我们今天不喝酒了。我要去看看光复的绍兴。我们同去。（鲁迅《朝花夕拾·范爱农》）

（152）统一战线是一个重大的原则问题，如果在共产党员中不弄清楚这个问题，我们的工作将受到很大的损失。（《邓小平文选第1卷》）

（153）至于一直不往北京写信，父亲也有不可推卸的责任。（CCL报刊语料，《作家文摘》1993）

（154）虽说当时在延安，女干部们都不大愿意生孩子。因为生了孩子，就得自己在家抚养，意味着不能参加工作。（CCL报刊语料，《作家文摘》1993）

（155）我在任何情况下都不会改变自己的观点。（CCL报刊语料，《作家文摘》1993）

（156）不，你可不能那么说，过去我就是这样想，其实错了。（梁斌《红旗谱》）

“不”修饰的后加成分是形容词（如心理状态类、人品性格类）、少数能愿动词，或者“不”单独使用时，整个句子能够表达一种主观判断。例如：

（157）她这么快地破题，弄得我反倒心里不舒服，怀疑她是不是事先已听说

过答案。(麦家《暗算》)

(158) 而且酒在短时间以后就失去了它那种麻醉的效力，痛悔便跟着来了，我觉得自己不应该懦弱到这步田地，我恨我自己！(巴金《家》)

(159) 刘一川连忙说：“不不，我不是来叫你送煤球的，我怎么能叫你送煤球呢，这是不人道的，……”(陆文夫《享福》)

下面，再单独说一下否定副词“不”修饰评价义动词。现代汉语评价义动词指说话人通过语言或文字等方式，对特定的行为表明态度、传递情感、判断优劣，从而进行评价的动词。在修饰一些评价义动词如“表扬”“称赞”“夸奖”“赞美”“批判”“批评”“责备”“指责”等时，由于这些动词具有［+主观］［+主动］［+双向］［+评价］的语义特征，因此，整个句子表示主观性否定，表明说话人对某人或事的主观态度，从而使整个句子能够表达一种主观评价。例如：

(160) 你马后炮少说两句吧！你不开腔，——别人又不说你哑巴！你说了话，别人也不称赞你聪明！(欧阳山《苦斗》)

(161) 邻居几乎没有一个不夸奖她，连长富也时常说些感激的话。(鲁迅《在酒楼上》)

(162) 既然连陈寅恪都不批判不拒绝传统文化，我们有什么理由有什么资格去批判和拒绝呢？(CCL 网络语料)

(163) 我不责备任何一个冷眼待我的人，觉得这尽在意料之中，也是无可避免的。(夏洛蒂·勃朗特《简·爱》)

3.2.3　“不”与客观

现代汉语否定副词“不”用在客观性句子中表示客观性否定，显示说话人对某人或事的客观描述，从而使整个句子能够表达一种客观评价。

看下面一些例子：

(164) 这里天气比较温和，虽然不常下雨，但是河渠纵横，水利条件非常优越。(《人民日报》，1955 年 7 月 3 日)

(165) 另一个人物许涤新，他不是《新华日报》负责人，而是专门研究“经济问题”的学者，他只管写文章，不管具体事。(《人民日报》，2008 年 4 月 24 日)

(166) 女儿马上进行打扫，还不让我走过去，恐怕扎到我的脚。(土一族《从普通女孩到银行家》)

(167) 它不在课程计划中反映，不通过教师有意计划的正式教学进行。(CCL 语料)

(168) “尾气排放标准不达标确实给当地环境带来压力，但不应该‘一刀

切’。”王飞说。(《人民日报》，2016年8月19日)

(169) 他到了广东以后，他就知道中国军器不如西洋，所以他竭力买外国炮，买外国船，同时他派人翻译外国所办的刊物。(CCL语料)

可以看出，当否定副词“不”用于对个人习惯、客观规律及客观现象进行描述时，或用在“是”字句，修饰表致使义的“使、让”时，或修饰介词短语和能愿动词（如“应该”“会”等）时，或用于固定词语（如“不必”“不如”“不成”等）时，句子具有［－个人］［－意识］［－情感］［－意愿］［＋描述］［＋客观］［＋评价］的语义特征，表示客观性否定，显示说话人对某人或事的客观描述，从而使整个句子能够表达一种客观评价。

3.3　“不”的时制时态

3.3.1　现代汉语的时制时态

彭平（2002）指出，在英语中，动词的时间性范畴是用“时”和“体”来表现的；在现代汉语中，它们又被称为“时制”（tense）和“时态”（aspect）。关于汉语时间系统的研究一直是有争议的课题，比如，学术界对于汉语究竟有没有时制标记的问题就持有不同的观点。同时，汉语“时体”是一个相对复杂的问题，不同学者对“时体”理解不尽相同。王力（1943）和高名凯（1948）认为汉语有“体（称为情貌）”而无“时”，这是目前得到人们普遍支持的一种观点。龚千炎（1991）指出，现代汉语有时制和时态，汉语的时间表现偏向时态。陈立民（2002）认为“了”“着”“过”“在”“将”等语言形式既表“体”的意义，又表“时”的意义。史有为（2017）在谈到汉语“时体”所属范畴及层次时指出，“语法范畴是指在附着于实词的语法形式的支持下而具有对立功能的一组语义特征。时体则是一组语法次范畴，次于词类的范畴”，“因此，我们将汉语‘时体’分成三个层次：①狭义形态层，汉语无典型的‘时体’范畴；②准形态层，汉语有‘体’范畴，有‘过去/中立’对立的时态；③广义形态层，汉语有‘过去、现在、将来’的时态，有不同的‘体’。如果这样做合情合理合法，那么有关的讨论，就看我们是站在哪一层‘形态’上进行了。”

下面，本书将简要回顾一下我国汉语语法学界有关汉语时间系统研究中具有重要代表性的成果和观点。

吕叔湘（1982）指出汉语有“三时（现在、过去、将来）”，并认为“现在”是基点，“过去”是基点前，“将来”是基点后。但不一定都以说话时刻为基点，有时把基点放在过去，因此把“三时”的观点改为“基点时”“基点前时”和“基点后时”。基点包含说话时刻就称为“绝对基点”，基点不包含说话的时刻就称为“相对基点”。

“了”“着”“过”是汉语最有代表性的动态助词。关于这三个动态助词，李铁根（2002）认为时制有两种基本类型：绝对时制和相对时制。从绝对时角度分类，汉语的时制可分为“已然”和“未然”，从相对时角度分类，可分“异时”和“同时”。“了”“着”“过”都是既能表“态”又能表“时”的语法成分。作为绝对时标记，它们都表“已然”，不表“未然”；作为相对时标记，“着”表“同时”，“了”“过”表“异时”。

陈平（1988）把现代汉语时间系统分成时相（phase）结构、时制（tense）结构和时态（aspect）结构三个组成部分。他认为，汉语时制的语法特征在表现方法上比较隐蔽，只有通过深入的分析才能够发现，时态标记有“了”“起来”“下去”“过”“来着”等。

马庆株（2005）的研究得出了新的结论。具体来说，他是通过用持续、完成和状态三组区别特征给能带时量宾语的动词进行分类得出新结论的。

我国许多著名的语言学家都对汉语时体做过划分，目前已知的汉语时体划分有很多种，重要的划分方法如：吕叔湘把时体分为 13 种，王力把时体分为 7 种，赵元任把时体分为 7 种，高名凯把时体分为 6 种，龚千炎把时体分为 8 种，张志公把时体分为 3 种，戴耀晶把时体分为 6 种，等等。

为了便于讨论，本书根据实际情况，把现代汉语的“时”——时制分为“过去时”“现在时”“将来时”和“恒常时”，把现代汉语的“体”——时态分为“完成体”“进行体”和“经历体”。

3.3.2 “不”的时制

3.3.2.1 过去时

“去年”“上个月”“当时”“那时候”“以前”“昨天”等词语都表明是过去时。下面看一些例子：

（170）去年不吃国家粮食了，完成了上缴任务 6，800 万斤，超过国家定购任务 40%。（《人民日报》，1981 年 3 月 21 日）

（171）这天，是 1937 年 3 月 13 日。郑义斋同志当时还不满 36 岁。（《人民日报》，1982 年 4 月 1 日）

（172）上个月一天晚上，儿子儿媳不在家，老人突然犯病，李大夫不嫌弃，为她治病清污。（《人民日报》，1996 年 11 月 10 日）

（173）那时候，北京好多典当行都不做这项业务了，只有几家大型典当行还

能换点钱。(《法制晚报》，2011 年 12 月 23 日)

(174) 东尼以前不喜欢带着手提电话到处去。(岑凯伦《还你前生缘》)

(175) a. 昨天他不去，因为孩子病了。

b. 昨天他不去，今天他更不去了。

c. 昨天他不来开会是有原因的。(马真，2016：152)

上述几例中，“去年”“上个月一天晚上”“当时”“那时候”“以前”“昨天”都表明这些行为发生在过去的时间段。“不吃国家粮食”“不在家”“不满 36 岁”“不嫌弃”“不做这项业务”“不喜欢带着手提电话到处去”“不去”“不来开会”，都用了否定副词“不”对过去的动作、行为、情态、状态等进行否定。马真(2016：152) 研究显示，通常“不+动词性词语”如果用于过去，则多用于因果复句或表示对比的并列复句中，有时也能在表示因果关系的单句中充任主语，如例 (175)。

可见，否定副词“不”可以用于过去时。

3.3.2.2 现在时

“今天”“今年”“现在”“这会儿”“此时”“此时此刻”等词语都表明是现在时。下面看一些例子：

(176) 我今天不能和你一起吃晚饭，我妈妈病了，我得去照顾她。(陈染《私人生活》)

(177) 他微笑说：“今年不送圣诞礼物给你了，明年圣诞才送吧，我会给你一个惊喜。”(张小娴《留给情人的蓝雪花》)

(178) 现在不是享受的时候。(BCC 微博语料)

(179) 彭真重申了中国不称霸的立场。他说，我们现在不称霸、将来不称霸、永远不称霸。(《人民日报》，1985 年 8 月 31 日)

(180)“你不出门，晶晶总要出门，总要打扮得漂亮点，这会儿不穿什么时候穿?”(王朔《浮出海面》)

(181) 此时此刻，我不想洗澡，更不想洗衣服。(BCC 微博语料)

上述几例中，“不能和你一起吃晚饭”“不送圣诞礼物给你了”“不是享受的时候”“不称霸”“不穿”“不想洗澡，更不想洗衣服”，都用了“不”来表示否定。

可见，否定副词“不”可以用于现在时。

3.3.2.3 将来时

“明天”“明年”“下个月”“以后”“日后”“将来”等词语都表明是将来时。下面看一些例子：

(182) 太太，明天我不来了…… [《人民日报》(海外版)，2001 年 12 月 28

日]

（183）你将来不滑雪了，再去玩音乐吧。[《人民日报》（海外版），2006 年 2 月 22 日]

（184）新西兰明年将不会对来这里学习的外国自费生实行任何限制。[《人民日报》（海外版），2003 年 9 月 6 日]

（185）爷爷的灵柩放在家里跟我有什么相干？下个月不是就要开奠吗？开过奠灵柩就要抬到庙子里去了，难道我还不能走？（巴金《家》）

（186）台湾地区新当选领导人日后不应意图挑衅，制造任何影响台海局势的事端。[《人民日报》（海外版），2016 年 3 月 10 日]

（187）我希望她将来不要靠走这样的捷径，而是通过自己的奋斗走向成功。（土一族《从普通女孩到银行家》）

上述几例中，“不来”“不会对来这里学习的外国自费生实行任何限制”“不滑雪”“不是就要开奠吗”“不应意图挑衅”“不要靠走这样的捷径”，都用了“不”来表示否定。

可见，否定副词“不”可以用于将来时。

3.3.2.4 恒常时

恒常时是指没有具体的时间意义，即事件或动作行为的发生并没有一个具体的时间，只是按照常理或习惯应该出现的情况。恒常时中的否定词只是用来否定这一恒常性的情况或者习惯。比如，“天天”“月月”“年年”“常常”“经常”“每天”“整天”等时间词是频率副词，“永远”“老是”“总是”“一直”等时间词也表示恒常性或习惯性的意义。下面一些例子：

（188）后来听母亲说，回家后她天天不出门，守在电话旁想听到我的消息。（《人民日报》，2001 年 2 月 15 日）

（189）自从老师留了这一作业以后，女儿下学后经常不马上回家，因为她要去学校的图书馆找自己想读的书、报和杂志。（土一族《从普通女孩到银行家》）

（190）他什么人都不认识，常常整天不说话，偶然说一两句，总是前言不搭后语。（琼瑶《水云间》）

（191）衣服脏了，老是不洗，穿在身上就要影响健康。（《人民日报》，1965 年 8 月 21 日）

（192）我总是不理解女儿的想法，不满意女儿的表现，看不到女儿的进步，还干涉女儿的自由。（土一族《从普通女孩到银行家》）

（193）我以前不喜欢你爹爹，因此一直也不喜欢你。（金庸《神雕侠侣》）

上述几例中，时间词“经常”“常常”“整天”和“老是”“总是”“一直”表示这些行为或动作的发生并没有一个具体的时间，属于恒常时。“不马上回家”“不说话”用“不”来否定，表示按照常理应该发生的事件或动作行为没有发生；

“不洗”“不理解女儿的想法，不满意女儿的表现”“不喜欢你”用“不”来否定，表示对国家或个人行为、习惯、心态的一种描述。

可见，否定副词“不”可以用于恒常时。

3.3.3　“不”的时态

龚千炎（1991）提出，现代汉语最典型的时体标记是“了”“着”“过”。除此以外，还指出“起来、下去、补语（了 liao、完、掉、成、好、着 zhao、住、到……）、了（句末语气词）、来着、时体副词（曾经、已经、正在、将要、就要、快要、即将、马上、立即、当即、即刻等）”可以表示时态意义。但是，本书仅以现代汉语的“了”“着”“过”作为分析对象。这些助词是常用的典型时体标记，“了”对应于完成体，“着”对应于进行体，“过”对应于经历体。下面将以它们作为分析对象对其相应的否定形式及与“不”的共现情况进行分析。

3.3.3.1　完成体——了

根据助词“了”在句中出现的位置，本书分出“$了_1$”和“$了_2$”两种用法。

“$了_1$”用在动词（如“发现”“完成”“吃”）或形容词（如“高”）后面，表示动作或变化已经完成。这里的“动作或变化”，可能是实际上已经发生的，也可能是预期或假设的。大家普遍认为动态助词“$了_1$”是表示完成体的最典型的语法标记。例如：

(194) 一个月下来，这支队伍完成了 1000 多平方米的发掘任务。（《人民日报》，1997 年 11 月 12 日）

(195) 在整个三峡船闸开挖期间，荣耀久足足吃了 1000 多袋方便面，穿烂了 20 多双胶鞋。（《人民日报》，2003 年 6 月 19 日）

(196) 近两年来，在这一矿带上还陆续新发现了 10 多个铜、金矿。（《人民日报》，2003 年 10 月 23 日）

(197) 8 月份的物价上涨幅度较 7 月份高了 1.2 个百分点，造成颇大的冲击。[《人民日报》(海外版)，2005 年 9 月 15 日]

很明显，上例中的“完成了”“吃了”“发现了”“高了”都表示完成体。但是，否定副词“不”却不能用在这些完成体的句子里。因为否定副词“不”表示动作或变化未发生，动态助词“$了_1$”却表示动作或变化已完成，前后语义矛盾。

语气助词“$了_2$”用在句子的末尾或句中停顿的地方，表示变化或出现新的情况。例如：

(198) 天快黑了，敌人又发起第五次冲锋。（《人民日报》，1951 年 10 月 25 日）

(199) 他的妈妈把筷子往桌上一扔，可真的生气了。(《人民日报》，1954年2月8日)

(200) 但过一阵，便差了劲，很像出锅的馒头，越来越冷了。(《人民日报》，1981年10月21日)

(201) 春天了，山树披起无边的绿叶。(《人民日报》，1992年12月22日)

“$了_2$”是否表示时体意义，学术界仍然存在争议，本书赞同“$了_2$”不表示时体意义的观点，故在此不予讨论。

可见，否定副词“不”不能用于“完成体——了”。

3.3.3.2 进行体——着

关于汉语进行体的否定，高顺全（2003）指出，汉语进行体没有专门的、直接的否定形式。经研究，否定副词“不”可以与进行体标记“着”搭配，但实际用例并不多。而且这些例句中，“不”前面基本上都和“无时”“无时无刻”连用，双重否定之后表示“时时刻刻都V着”，也是进行体的一种。例如：

(202) 他的丰功伟绩和高风亮节无时不激励着我们奋勇前进。(《人民日报》，1991年8月26日)

(203) 但有一点毫无疑问，国民党特工无时不在监视着释放后的李琳。(张洁《无字》)

(204) 这额头和两颊有如三座对称的红色小山丘，淡眉之下一双嵌有深深纹理的眼睛无时不在笑着。(大江健三郎《新人呵，醒来吧》)

(205) 在竞争激烈的现代社会，生活的压力、对未来的焦虑无时无刻不困扰着人们。[《人民日报》(海外版)，2013年8月23日]

(206) 尽管这一年中有无数夙兴夜寐的辛苦，但无时无刻不充盈着满满的参与感、兴奋感和充实感。(《人民日报》，2017年4月11日)

(207) 种种的事她都指使着绣绣去做，却又无时无刻不咕噜着，教训着她的孩子。(林徽因《绣绣》)

可见，前面与“无时”“无时无刻”搭配时，否定副词“不”可以用于“进行体——着”。

3.3.3.3 经历体——过

一般动词后加“过”的用法可以分为两种，一种是动态助词“过”，表示经历体；另外一种是结果补语“过”，表示动结式。

动态助词“过”表经历体时后面不能用其他动态助词，只能用语气助词，动词前可以加“曾经”。例如：

(208) 郑慈航道：“《我们母亲的儿子》这一出戏，看过没有?”杨杏园道：“你编的剧本我看过了。很好，可说刻画入微，戏却没有见过，……”(张恨水

《春明外史》)

(209) 他曾经去过新疆吐鲁番附近的高昌故城。(余华《夏季台风》)

而结果补语“过”表动结式时后面可以加动态助词“了”。例如:

(210) 就这样,我们很安全地翻过了山。[《人民日报》(海外版),2002 年 6 月 19 日]

(211) 走过了浴场,走过了炮台,走过了那个建筑在海湾石堆上俄国什么公爵的大房子……(沈从文《水云》)

“过”表示经历体时,先假设其否定式是“不 V 过”。我们看下面的例子:

(212) a. *你不打过高尔夫球吗?

b. *我从不观看过 4D 电影,这是第一次。

c. *自去年元旦后,我还不再见过她。

d. *王老汉一辈子不去过北京。

不难看出,以上例句都是病句。前人研究显示,动态助词“过”的否定式是“没(有)V 过”(吕叔湘,1980:216),而不是“不 V 过”。由此推测,“不”的否定属性跟“经历体——过”不能发生任何关系,当然更没有产生经历的意义。否定副词“不”与动态助词“过”共同出现的例子极少,也从另一个侧面说明“不”与表经历体的“过”共同出现的情况较少。

可见,否定副词“不”不能用于“经历体——过”。

3.4　本章小结

本章在现代汉语共时平面对否定副词“不”的用法分布、主观客观、时制时态三个方面进行了描写分析,得出以下结论:

3.4.1　用法分布方面

当处于“不字独用”“不+动词/动词短语”“不+部分能愿动词+宾语”“不+介词短语+动词短语”“不+副词+动词短语”等句法分布结构时,“不”表示否定意愿;当处于“不+形容词/形容词短语”“不+名词/名词短语”“不+副词+形容词”“不+部分述宾短语”“不+部分能愿动词+宾语”“述语+不+补语(动词/形容词/趋向动词)”等句法分布结构时,“不”表示否定性状。另外,本章还对“不”用于固定格式的表达方式如“不 X 不 Y”“不 X 而 Y”“不 X 不”“不 X 就 Y”“不(是)X,就(是)Y”“管它/什么 X 不 X”“爱 X 不 X(的)”“不 X 也 X”“X 不 X”“无 X 不 Y”等作了描写分析。

3.4.2 主观客观方面

“不”修饰的后加成分是动作行为动词、状态动词、动补短语、介词+动词短语、形容词+动词短语/能愿动词、能愿动词，或者“不”单独使用，整个句子都表达了一种主观意愿和主观意志。“不”修饰的后加成分是形容词（如心理状态类、人品性格类）、少数能愿动词，或者“不”单独使用时，整个句子表达一种主观判断。“不”用于对某个人的习惯、客观规律及客观现象进行描述时，或“不”用在“是”字句，修饰评价义动词和表致使义的“使、让”时，或“不”修饰介词短语或能愿动词时，或“不”用于固定词语（如“不必”“不成”“不如”等）时，整个句子都可以表示客观性否定，表达客观意义。

3.4.3 时制时态方面

现代汉语的时制分为“过去时”“现在时”“将来时”和“恒常时”，现代汉语的时态分为“完成体”“进行体”和“经历体”。否定副词“不”可以用于过去时、现在时、将来时、恒常时；否定副词“不”不能用于“完成体——了”和“经历体——过”，满足一定的条件后，如前面与“无时”“无时无刻”搭配时，可以用于“进行体——着”。

第四章　现代汉语中“不”与“没（有）”“别”的比较[①]

马真在《现代汉语虚词研究方法论》（修订本）（2016：132）一书中指出：“要把握好一个虚词的用法，最主要的方法是比较，在比较中来凸显虚词的用法，在比较中来把握虚词的用法。其实，比较的方法，可以说是分析、研究虚词最基本的方法。”“虚词的用法不好研究，虚词的意义更难研究，但如果方法得当，就可以准确了解、掌握虚词的意义和用法。研究实践告诉我们，比较分析，是语法研究中最基本的分析手段之一，更是虚词研究最基本、最有效的一种分析手段。”

因此，要想对现代汉语否定副词“不”获得全面的认识，并准确掌握“不”的用法，最好的办法就是将其与现代汉语其他常用否定副词进行比较研究。本章意在通过将现代汉语否定副词“不”与现代汉语常用否定副词“没（有）”“别”从用法分布、主观客观、时制时态三方面进行比较，得出三者异同，从而更好地了解“不”在现代汉语共时平面的特点用法。

4.1　“不”与“没（有）”“别”用法分布比较

本节以侯学超《现代汉语虚词词典》（1998）对“没（有）”“别”的注释为主要参考依据，兼顾《现代汉语词典》《现代汉语八百词》等字词典的注释及其他文献资料，详细阐述现代汉语常用否定副词“没（有）”“别”的用法分布。然后，将“不”与“没（有）”“别”用法分布情况进行比较研究，归纳总结，得出结论。

---

① 本章内容在赵明（2011）的基础上修订而成。

4.1.1 “没（有）”的用法分布

4.1.1.1 “没（有）”否定事情已经发生的表达方式

4.1.1.1.1 没（有）+动词（短语）/主谓短语

“没（有）”位于“动词（短语）/主谓短语”前面还可以表示事情尚未发生，例如：

（1）用不着跟他低三下四，不是“文化大革命”那时候了，咱开木匠铺，一没偷、二没抢，凭本事挣钱，老天爷也管不着！（王润滋《鲁班的子孙》）

（2）李老忠有十亩地，去年没种一亩棉，不但没修房买牛，连现在生活都过得不好。（《人民日报》，1950年4月28日）

（3）昨天没发挥好，主要是队员缺乏大赛经验，踢得有些紧张。（《人民日报》，1993年9月5日）

（4）但是，反对资产阶级自由化的斗争还没有结束。对于中国现在干的究竟是什么事情，有些人还没有搞清楚。[《用中国的历史教育青年》，摘自《邓小平文选》(第3卷)]

（5）有许多党员，在组织上入了党，思想上并没有完全入党，甚至完全没有入党。[《在延安文艺座谈会上的讲话》，摘自《毛泽东选集》(第3卷)]

（6）鲁迅是这样被考验过来了，并且他没有忘记用他自己的宝贵的经验教育年青的一代。（《人民日报》，1955年10月19日）

（7）我感觉好久没有肚子疼了。（BCC微博语料）

（8）“我没有心情不好。”谷扬回神辩道。（彤琤《既是谈情也说爱》）

“没（有）”是对肯定事实的否定，所以其肯定形式是“动+了”，而不是单纯的“动”。比较以下例子：

（9）a. 她的家庭作业没写。
　　b. 她的家庭作业写了。
　　c. *她的家庭作业写。

（10）a. 张海涛去年没有毕业。
　　b. 张海涛去年毕业了。
　　c. *张海涛去年毕业。

另外，问句“动词+没（有）”用于单纯提问，不作推测；问句“没（有）+动词+吗”表示怀疑或惊讶，要求证实。

（11）你快去打听打听，看看我们族里到冯家去的人回来没有？（张恨水《北雁南飞》）

（12）有一天，已经快过半夜了，躺在炕上的邱志国听见荣军队的队长马洪金老是在翻身，他问：“老马，你还没有睡着吗?”老马说：“怎么也睡不着，你怎么也没有睡呀!”(《人民日报》，1954 年 2 月 22 日）

言语行为方面，与否定副词“不”不同，“没（有)”可以用在“客气”前边，符合会话合作原则的关联准则，但没有表示礼貌的作用。例如：

(13) 日本首相访华把侵略中国说成“添麻烦”，周总理一点也没客气。(“一壶春秋”百家号，2017 年 5 月 5 日）

(14) 这个国家又来找麻烦了！中国没客气，新一轮斗争已经打响。(“牛弹琴”百家号，2018 年 1 月 11 日）

(15)“美国散打王”爱徒来华踢馆，这下柳海龙丝毫没有客气!（腾讯新闻，2019 年 12 月 26 日）

(16) 车臣曾经有 5 位总统，最终都是什么结局? 普京对他们没有客气。(“泥腿看客”百家号，2019 年 12 月 31 日）

4.1.1.1.2　没（有）+部分能愿动词

“没（有)”位于部分能愿动词前面表示否定某种意愿或某种可能的产生。例如：

(17) 这回，她没敢亲自去灌，而交给了金三爷。(老舍《四世同堂》)

(18) 但有一个奢侈的行为我却一直没肯放弃，这就是每月一次的和中学几个好朋友的网上聊天。(苏子《人生的另一种财富》)

(19)“……再说，我没要和他定婚，是他哀告我的，现在——”玛力还坐在她母亲的怀里，脚尖儿搓搓着地毯。(老舍《二马》)

(20) 有一回，我便住到他家，但我到上海，总爱出门，因此他老说没有能畅谈。(朱自清《我所见的叶圣陶》)

(21) 解放后，由南而北，从西到东多次变换工作岗位，始终也没能够遇到一个这样的机会。(《人民日报》，1979 年 9 月 12 日）

(22) 如果工作在近期内没可能变化，但单调乏味的工作内容让自己没有工作动力，这时要考虑学习新的东西，让自己的头脑更新知识。(《人民日报》，2000 年 3 月 31 日）

需要注意的是，这里只有部分能愿动词可以进入“没（有）+部分能愿动词”结构表示否定意愿或可能的产生，如上面例句中表意愿的“敢”“肯”“要”，表可能的“能”“能够”“可能”。而有的能愿动词，比如表必要的“要”“应”“应该”“应当”等就不能进入该结构表示否定意愿或可能。可见，能进入“没（有）+部分能愿动词”结构表示否定意愿或可能的能愿动词基本上都是表意愿或表可能的，表必要的能愿动词则不可以。

4.1.1.1.3　没（有）+数量短语

“没（有)”位于数量短语前面表示否定所说数量是事实。例如：

（23）大概是交通方面出了故障，好长时间竟没一辆车出现。（张欣《爱又如何》）

（24）金枝进去没十分种，沉着脸，气夯夯地回来了。（陈建功《皇城根》）

（25）我们妇女在旧社会受压迫，没一个人瞧得起妇女，所以妇女有文化的很少。（《人民日报》，1957 年 3 月 10 日）

（26）盛夏时节，卧室又在七楼楼顶，那个燥热啊！丽鹃没三分钟就把床单给浸湿了。（六六《双面胶》）

“没（有）＋数量短语”结构多用于口语对话中，表示话语应答者否定或否认话语发起人所述话语内容。例如：

（27）李寻欢微笑道：“你真是为了五十两银子才杀那白蛇的么？”少年道：“没有五十两银子，我也要杀他，有了五十两银子更好。”（古龙《小李飞刀》）

（28）甲：您不是蹦得有两下子吗？

乙：没两下子，没两下子。（CCL 中国传统相声大全）

4.1.1.1.4　没（有）＋介词短语＋动词短语

A. 表示部分否定。

“没（有）”位于“介词短语＋动词短语”前面表示部分否定时，有时不否定动词短语，只否定介词短语，如“没在我家吃饭”只否定介词短语“在我家”，并不否定“吃饭”的行为。有时只否定动词短语，不否定介词短语，如“没向我借铅笔（借了橡皮）”只否定“借铅笔”的行为，并不否定介词短语“向我”。

B. 表示全都否定。

“没（有）”位于“介词短语＋动词短语”前面表示全部否定时，不仅否定动词短语，连同表处所、时间、空间、对象、依据、条件、缘由等介词短语一起否定，如“没向他提出任何条件”既否定了介词短语“向他”，又否定了动词短语“提出任何条件”；“没有以权谋取私利”既否定了介词短语“以权”，又否定了动词短语“谋取私利”。

大部分介词短语前面都可以加“没（有）”，但是有一部分介词短语不能，如“除”“当……时候”“较”“较之”“一任”“由”“于”“自”“自从”“关于”。“没（有）关于这方面的材料”虽可以说，但“没（有）”是动词，“材料”是它的宾语，“关于这方面”介词短语作为“材料”的修饰语。“没（有）”作为动词的情况不在本书研究讨论范围之内，本书主要研究讨论“没（有）”作为否定副词的情况。

4.1.1.2　“没（有）”否定变化已经发生的表达方式

4.1.1.2.1　没（有）＋形容词（短语）

这里要说明的是，能用“没（有）”否定的形容词（短语）不是很多。

“没（有）”位于“形容词（短语）”前面表示“已然”的否定，例如：

（29）天还没黑，一台自编、自导的迎春晚会拉开了序幕。（《人民日报》，2003 年 2 月 10 日）

“没（有）”位于“形容词（短语）”前面表示变化尚未发生，例如：

（30）县委书记说：“没熟就别割。”（《人民日报》，1961 年 3 月 3 日）

（31）葛伯勒见我屋里暗沉沉的，问道：“灯坏了么？”我说：“没坏。……”（《人民日报》，1962 年 12 月 8 日）

（32）没有破旧和拥挤，映入眼帘的是堪比大剧场的宽阔舞台，排列整齐的座位。[《人民日报》（海外版），2014 年 12 月 16 日]

（33）还是儿子巧，声明“白骨精不是妖怪变的，是白骨精变成的妖怪”。才算没有错到底。（高晓声《陈奂生上城》）

跟“没（有）＋动”一样，“没（有）＋形”其肯定形式也是“形＋了”，而不是单纯的“形”。比较：

（34）a. 菜园里西红柿没红。

b. 菜园里西红柿红了。

c. *菜园里西红柿红。

（35）a. 经历了去年那次灾难，他没有悲观。

b. 经历了去年那次灾难，他悲观了。

c. *经历了去年那次灾难，他悲观。

（36）a. 仓库储存的粮食没潮。

b. 仓库储存的粮食潮了。

c. *仓库储存的粮食潮。

（37）a. 你摆放的顺序没反。

b. 你摆放的顺序反了。

c. *你摆放的顺序反。

需要注意的是，有些双音形容词，同时又是名词，如“自由”“危险”等。它们既可以受副词“没（有）”的否定，又可以受动词“没（有）”的支配。虽然形式相同，但它们的意思不同，前者否定变化，后者否定存在；其肯定形式也不同，前者是“形＋了”，后者是“有＋名”。比较以下几个例子：

（38）没（有）自由：

a. 他自由了——他还没（有）自由呢。

b. 他有自由——他没（有）自由——他有没有自由。

某些双音动词、名词，情形也类似。比较：

（39）没（有）报告：

a. 我报告了才进来的——没（有）报告他就进来了。

b. 没（有）报告，就一堆原始材料。

另外，问句“形容词+没（有）”用于单纯提问，不作推测；问句“没（有）+形容词+吗”表示怀疑或惊讶，要求证实。例如：

(40)“随便说说，高兴没有?”“……”摇摇头。（沈从文《一个女剧员的生活》）

(41) 可以告诉我为什么我煮饺子煮了半个小时还没熟吗?（BCC 微博语料）

4.1.1.2.2 没（有）+那么/这么+形容词

“没（有）”位于“那么/这么+形容词”前面表示否定达到那种程度的变化。“没（有）老”是否定“老”这一状态的产生；“没（有）那么老”是肯定“老”状态的产生，但同时否定达到“那么”指示的程度。不能直接加“没（有）”的形容词，绝大部分都可以放入这种格式。例如：

(42) 我很讨厌猜来猜去的游戏，能不能直接点，我年纪大了，耐心不好，时间久了就没那么积极了。（BCC 微博语料）

(43) 理性的解释总归是简单的，做起来可就没那么容易了。[《人民日报》（海外版），2005 年 8 月 31 日]

(44) 这当然不错，不过没有这样简单。（叶圣陶《倪焕之》）

(45) 白莽并没有这么高慢，他曾经到过我的寓所来，但也不是因为我要求和他会面；我也没有这么高慢，对于一位素不相识的投稿者，会轻率的写信去叫他。（鲁迅《为了忘却的记念》）

(46) 她仍然头上扎着白头绳，乌裙，蓝夹袄，月白背心，脸色青黄，只是两颊上已经消失了血色，顺着眼，眼角上带些泪痕，眼光也没有先前那样精神了。（鲁迅《祝福》）

(47) 但我吃了豆，却并没有昨夜的豆那么好。（鲁迅《社戏》）

其中，例（42）“没那么积极”可以说，而“没积极”不可以说；例（43）“没那么容易”可以说，而“没容易”不可以说；例（44）“没有这样简单”可以说，而“没有简单”不可以说；例（45）“没有这么高慢”可以说，而“没有高慢”不可以说。例（46）“没有先前那样精神”中的“精神”指“活跃、有生气”，例（47）“没有昨夜的豆那么好”中的“好”指“优点多的；使人满意的”，“精神”和“好”都是形容词，表示否定达到“先前”和“昨夜”那种程度的变化。需要注意的是，“生病时人没有精神”，“没有”是动词，“精神”是名词，指“表现出来的活力”；“饭没有好”，“好”是动词，是完成结束的意思。

4.1.1.2.3 没（有）+数量词+形容词

“没（有）”位于“数量词+形容词”前面表示否定数量达到的程度是事实。形容词限于单音，表长度、高度、重量等几个，多用于口语。例如：

(48) 甲：你孩子有一米八高了吧?

乙：没一米八高。（侯学超 1998：419）

另外，如果把数量词换作名词，即“没（有）＋名词＋形容词”，则表示一事物达到另一事物的程度不是事实。例如：

（49）甲：泰山有峨眉山高吗？

乙：没峨眉山高，差远了。（侯学超 1998：419）

4.1.1.3 “没（有）”独用

4.1.1.3.1 “没（有）”独用包括单说和单独作谓语两种情况

A. “没（有）”可以单说。例如：

（50）这样做是否违反社会主义的原则呢？没有。[《邓小平文选》(第 3 卷)]

（51）“没！”多亏他自己挑明了，“没有！可咱也得说，咱也挑不出人家的毛病来。个个都是好样的！……”（CCL 报刊语料，《作家文摘》1995）

“没（有）”用在句末表示疑问，跟反复问句的作用相同。例如：

（52）四婶说：“回来这么晚的！你吃了没？”白雪说：“吃了。”（贾平凹《秦腔》）

（53）我要你念那本书念过了没有？（沈从文《除夕》）

“没（有）”用于口语对话中，多用于应答。例如：

（54）迈：您以前有没有见过戈尔巴乔夫？邓：没有。[《答美国记者迈克·华莱士问》，摘自《邓小平文选》(第 3 卷)]

（55）吴士举顺嘴说道：“张武，出牛啦？”张武说：“没！财主，你家的那三十垧地我今年不种啦！”（马烽、西戎《吕梁英雄传》）

可见，“没”和“没有”都可以用在疑问句句末，也都可以单独回答问题。吕叔湘在《现代汉语八百词》（1980：341）中指出，“没”同“没有”，口语中多用“没”，问句末了或单独回答问题都必须用“没有”。通过上面的语料，不难发现他这种说法并不完全正确。

另外，答话中，“没”字叠用，“没有”叠用，或者“没”和“没有”连用，都可以表达强烈的否定语气，起强调作用。例如：

（56）然后我就问陈星是不是勾搭上翠翠啦？陈亮变脸失色，说：“没没没。”（贾平凹《秦腔》）

（57）他也产生了疑问，“是不是屁股上扎进了根刺儿？”“没！没有！”（冯苓植《雪驹》）

B. “没（有）”可以单独作谓语。例如：

（58）小苗继续说：“恐怕你在吹牛吧！”“我没！只是我最近在转攻理科——看，这不是在补化学吗？嗨！那老师水平真破！”（韩寒《三重门》）

（59）露丝抬头作出一副纯洁无辜的表情看着她，茹灵大叫：“你在抽烟！”“我没有！”（谭恩美《接骨师之女》）

（60）这娘们随时可能翻了脸给我一耳光，假定如此，就证明女人不懂什么

是交情。可是她没有。(王小波《黄金时代》)

(61) 她从腰里摸出了一把剪刀，我以为她会把剪刀扎进自己胸膛为司马库殉情而死，但她没有。(莫言《丰乳肥臀》)

4.1.1.3.2 “没（有）”独用可以否定事情已经发生

“没（有）”独用否定事情已经发生，也就是对“曾经”的否定。例如：

(62) 丽鹃把钱推回去说：“你借单位的钱还了吗?”“没。不够。房子卖得急，只卖了5万多。”(六六《双面胶》)

(63)“今天是大事儿，葡萄你一定要积极发言。刚才听见打锣喊喇叭了吗?”“没。”(严歌苓《第九个寡妇》)

(64) 夏天义说：“清明也没回来上坟?”俊奇说：“没。”(贾平凹《秦腔》)

4.1.1.3.3 “没（有）”独用可以否定变化已经发生。

“没（有）”独用否定变化已经发生，也就是对“已然”的否定。例如：

(65) 她怔了一下，接过毛巾锐利地看了我一眼，然后擦脸，“你生气了?”“没有。”我气乎乎地说。(王朔《动物凶猛》)

(66) 四婶吓了一跳，说：“你病啦?”白雪说：“没。”(贾平凹《秦腔》)

(67) 赵宏声说：“吃了土有没有不舒服的?”夏天义说：“没。”(贾平凹《秦腔》)

4.1.1.4 “没”用于固定格式的表达方式

4.1.1.4.1 没X没Y

“没X没Y”格式可以分以下两种情况：

A. X、Y是单音义近的名词、形容词、动词等，如“没脸没皮”“没羞没臊”“没完没了”“没听没看”等。这时，“没X没Y”表示并立否定，强调否定存在、发生、有变化。例如：

(68) 这是人住的地方吗？一个个用胶泥垛起的小土屋，像过去的烂台田一样，没规没矩，没街没道，三五户一堆。(蒋子龙《燕赵悲歌》)

(69) 连长见她没完没了的哭，在她前面放了一个小板凳说：“你坐下慢慢哭，哭够了我们再去训练。”(徐怀中《西线轶事》)

(70) 哪里有听的，他爱去听，哪里有演的，他爱去看，没听没看，他就觉得没趣。(高晓声《陈奂生上城》)

B. X、Y是单音反义词。这时，“没X没Y”表示应区别而不区别，多用于礼仪交际方面，如“没上没下”“没大没小”“没轻没重”“没深没浅”等。例如：

(71) 她严肃地对“根子”说：“坐下来！不像话，这么没上没下、没大没小的，动手动脚，可要注意影响，啊?”(古华《芙蓉镇》)

(72) 他对记者说：“那时候年龄小，太不懂事，或者说主席性格好，太平易近人。我们讲话做事从来都是没大没小，没轻没重，随便得很，他从不计较。”

（CCL 报刊语料，《作家文摘》1995）

（73）“别这么没深没浅的，”她说，“咱们不过是刚刚相识。”（詹姆斯·乔伊斯《尤利西斯》）

4.1.1.4.2 （要）X 没 X，（要）Y 没 Y

在这里，X、Y 是名词或动词，“（要）X 没 X，（要）Y 没 Y”表示该具备的条件而不具备。例如：

（74）税检室过去不受重视，要钱没钱，要车没车，一年到头该办的案子都办不了。（《福建日报》，1994 年 12 月 27 日）

（75）那时候我也就是六、七岁，吃没吃，穿没穿，满街流落，赶大一点，就给人做工。（杨朔《上尉同志》）

（76）老套子冷笑两声，说：“哼哼！你看看咱这个家当，吃没吃的，住没住的，穿没穿的。……”（梁斌《红旗谱》）

4.1.2 “别”的用法分布

4.1.2.1 别＋谓词（短语）

“别”位于“谓词（短语）”前面时多用于口语，单纯表示“劝阻、禁止和不要”的意思。

“别”可以直接修饰表动作、心理活动、行为的动词性短语，动词既可以是单音节的、双音节的，也可以是多音节的，如“别哭”“别伤心”“别爬上爬下”等。“别”属于行为劝禁类否定副词，多用于对他人的行为进行劝阻或禁止，因此句子的主语第二人称用的情况最多（有时会省略主语），其次是第三人称，第一人称用的情况则比较少。例如：

（77）又向她道：“你别为难，好好地让我睡上一觉，我自然就好了。”（张恨水《欢喜冤家》）

（78）还有，你最贪嘴，可是我进医院后，你别上中国馆子，大菜也别吃，只许顿顿吃日本料理。（钱锺书《猫》）

（79）“别管我，先看你自己吧！”曹先生跑了进去。（老舍《骆驼祥子》）

（80）妻子说，既然这样，那就不开伙，他别想在家里吃到饭。（列夫·托尔斯泰《复活》）

（81）院长就说：“好吧，只要他自己有东西带来，让他吃吧，可是今天他别想吃我的东西。”（乔万尼·薄伽丘《十日谈》）

（82）我觉得，我还是别往你们家里掺和吧。（陈建功《皇城根》）

“别”修饰动词时，后面既可以是自主动词，劝阻、禁止听话人有意做出某事，也可以是非自主动词，提醒听话人注意避免无意中做出某事。自主动词指动作发出者有意识地发出的动作行为，具有［+自主］［+可控］的语义特征，如“见怪”“后悔”（动词，事后懊悔）、“走”“吃”“买”“听”“睡”“洗”“修”“讨论”“打扫”“学习”“分析”“思考”等；非自主动词指无意中发出的动作，具有［—自主］［—可控］的语义特征，如“感冒”“病”“忘”“醉”“饿”“死”“醒”“出事”“看见”“失败”“产生”等。例如：

（83）您可别见怪他老人家呀！刘巡长！要是不发烧，他不会这么乱骂人！（老舍《龙须沟》）

（84）那时你们可是罪上加罪，可别后悔。（曲波《林海雪原》）

（85）我风来雨去地惯了，不怕什么，倒是你这单气娇嫩身子，快回家暖和暖和，当心些，别感冒了。（李英儒《野火春风斗古城》）

（86）他满心欢喜，对大伙儿说：“你们可注意点，别病了，完不成任务。”（《人民日报》，1949 年 7 月 9 日）

形容词也可以分为自主形容词和非自主形容词。自主形容词指人能够有意识地表现或不表现出来、自身能够控制的某种性状，如“得意”“谦虚”“粗鲁”“随便”“亲切”“悲观”“小心”“细心”“严肃”“认真”“高兴”“老实”等，非自主形容词指人无法有意识地表现出来、自身不能控制的某种性状，如“辛苦”“疲劳”“心虚”“舒服”“健康”“可爱”“漂亮”“单纯”“聪明”“有趣”“可怜”“可笑”“可怕”“可信”“感人”“好听”“有趣”等。

“别”修饰形容词时，后面主要是自主形容词，如“得意”“谦虚”等。例如：

（87）小子你别得意，别看你比我年轻岁数小，你也不见得等得到。（王朔《我是你爸爸》）

（88）别谦虚了，杨老板，一万多根竹竿，一根赚十元，您就是十万元户啦，腰缠十万元，还不是老板，那咱们高密东北乡谁还敢称老板呢？（莫言《生死疲劳》）

“别”一般不能修饰非自主形容词，如不能说“别辛苦”“别疲劳”“别舒服”“别健康”“别可爱”“别漂亮”“别单纯”“别聪明”“别有趣”“别可怜”“别可怕”“别可信”“别感人”“别好听”“别有趣”等。但也有少数非自主形容词可以受“别”修饰，如“心虚”“可笑”。例如：

（89）蜂子有刺才会酿蜜，神把这两样东西放在一块也有它的用意。不过，老师，有刺的不一定用它螫人，吃蜜的也不会怕刺，——你别心虚！（沈从文《凤子》）

（90）别可笑了！你以为每一个人都该怕你吗？你只不过顶着少王爷的名号欺负人罢了，若没这个权位，你根本什么都不是，一文不值！（于湘《天狼夺爱》）

需要注意的是，能受“别”修饰的动词或形容词多为中性（动词居多）或贬义（形容词居多）。例如：

（91）a. 大家别作践他/别抱怨学生/别浪费时间

b. ＊大家别爱护他/＊别尊重学生/＊别珍惜时间

（92）a. 别蛮横无礼/别懦弱无能/别阴险狡诈

b. ＊别知书达理/＊别坚强自信/＊别光明磊落

表品行和心态的褒义形容词（短语）有些也可以受“别”修饰。例如：

（93）a. 别谦虚

b. 别太善良

c. 别那么自信

d. 别乐观得太早

言语行为方面，“别”用在“客气”前边，可以劝阻对方不需要说客气话，是礼貌用语，符合会话礼貌原则中的慷慨准则和谦虚准则。另外，“别客气”作为一种礼貌用语，还表示一种劝说或劝阻他人不用见外、不要说客气话，不用拘谨、不要过于谦让的意思。例如：

（94）晚餐斯文地进行下去。瀚夫瑞看看晚江，说菜做得真好，谢谢你。晚江说别客气，你喜欢就好。（严歌苓《花儿与少年》）

（95）法国人若请你去他家里过周末，不是靠盛情，而是不把你当客人，他吃什么，你吃什么，他也不会放下自己的事，专门来陪你，顶多说一句“别客气，就像在自己家里一样”。（《人民日报》，2000 年 9 月 29 日）

4.1.2.2　别＋动词/形容词（短语）＋了$_{1,2}$

这是一个有歧义的格式，下面分别阐述。

A. 别＋动词/形容词（短语）＋了$_1$。口语中“了$_1$”多读“lou”，表示结果实现（参见侯学超，1998：39）。

“别＋动词（短语）＋了$_1$”表示劝止跟说话人意愿不符的行为、结果产生，如“这个字别抹了”，是不要把这个字抹掉、抹去的意思。例子还有：

（96）a. 这一碗留给妹妹的，你别吃了。

b. 旧杂志我还有用，别扔了。

c. 这酒是泡人参用的，你别喝了。

d. 黑板上的字别擦了，下节课还要用。（侯学超，1998：39）

例（96）中，“别吃了”“别扔了”“别喝了”“别擦了”表示劝止行为、结果产生，让听话人不要吃掉、不要扔掉、不要喝掉、不要擦掉。

“别＋动词（短语）＋了$_1$”还可以表示提醒听话人注意防止发生不如意的事情，例如：

（97）a. 别噎了

b. 别呛了

c. 别摔了

d. 别发烧了

“别+形容词（短语）+了$_1$”表示劝止产生不理想的结果，例如：

(98) a. 咖啡别太浓了

b. 妆化得别太浓了

c. 领子别太高了，太高难受

d. 坑儿别浅了，太浅抓不住苗（侯学超，1998：39）

“动、形”后无“了”则会成为单纯的劝止。但有的“别+形”行不通，如不能说“别咸/淡”。

B. 别+动词/形容词（短语）+了$_2$。“了$_2$”读“le”，表示新情况发生（参见侯学超，1998：39）。

“别+动词（短语）+了$_2$”表示劝止正在进行的行为不再进行［见例（99）a、例（100）a、例（101）、例（102）］或建议取消准备进行的行为［见例（99）b、例（100）b］。如下：

(99) a. “我还没骑够。”“别骑了，你骑两个小时了。”

b. “我想骑马去！”“别骑了，时间来不及了！”（侯学超，1998：40）

(100) a. “咱们再练会儿？”“别练了，食堂要关门了。”

b. “咱们去练会儿？”“别练了，吃了晚饭还要开班会。”（侯学超，1998：40）

(101) 大妈：就别说他了，他心里也好受不了！（老舍《龙须沟》）

(102) 大妈：就别抱怨啦，咱们有井水吃还不念佛？（老舍《龙须沟》）

“别+形容词（短语）+了$_2$”只表示劝止已产生的结果、状态，而不是劝止计划中、有可能会产生的结果、状态。例如：

(103) 李瑞林急得一进厂长办公室的门，便抱头痛哭。陈咏明沉默了半天，说：“老李，别难过了，我和你一块从头干起吧。”（张洁《沉重的翅膀》）

(104) 小顺儿他妈，给妞子找两件干净衣服，给她洗洗脸。不能让她脸上带着泪进棺材。小顺儿他妈，别伤心了，……（老舍《四世同堂》）

(105) “不，”赵大明认真地说，“不写就拉倒，要写就写好它，真能起点作用。”“别那么认真了！”（莫应丰《将军吟》）

(106) “不行！”迪子声音低微，但很坚决。“非今夜不可！”“别太任性了！”（渡边淳一《野蒿园》）

上例中“别难过了”“别伤心了”“别那么认真了”“别太任性了”，从句子上下文语境可以推断出“难过”“伤心”“认真”“任性”已产生，表示劝止已产生的结果、状态。

4.1.2.3　别＋主谓短语

“别”可以修饰主谓短语，这种情况相对较少。例如：

（107）孩子们早就馋得口流涎水，他们不时从人缝里抢着来抓青稞粒儿，大人们就板起脸训斥：“别嘴馋，待会吃麦索！”（《人民日报》，2000 年 6 月 17 日）

（108）密集恐惧症小心，别手贱哦。（BCC 微博语料）

（109）司长哈哈的笑起来，可是他很快的止住了：“沈二哥，别脸红！……”（老舍《沈二哥加了薪水》）

（110）虎妞心中打了个闪似的，看清楚：自己的计划是没多大用处了，急不如快，得赶紧抓住祥子，别鸡也飞蛋也打了！（老舍《骆驼祥子》）

4.1.2.4　别＋熟语

所谓“熟语”指的是“语言中定型的短语和句子，包括成语、惯用语、谚语、格言、歇后语等”（杨文全，2014：211）。“别”后面加熟语的情况很常见，主要为俗语、成语、惯用语、歇后语等，谚语和格言相对较少。例如：

（111）阿敏，你别哪壶不开提哪壶好不好？（沈亚《风神的女儿》）

（112）今年的疏解一定要注意区域性的联动，别东一榔头西一棒子。（《北京晚报》，2016 年 1 月 20 日）

（113）记住，瘦死的骆驼总比马大，别有眼不识泰山！（老舍《龙须沟》）

（114）当时处里有一个老处长，多病，常常不上班，老孙对老张说：“不能上班就算了，别占着茅坑不拉屎！”（刘震云《单位》）

（115）你别拿柳条当棒槌！叫我啊，闲呆着也不闹这个。（李满天《水向东流》）

（116）想做什么事情就别拖，别怕，别瞻前顾后。（BCC 微博语料）

（117）童大焕：中国房市，别引狼入室。（南方网，2006 年 5 月 12 日）

（118）你你别吹牛皮，你连俺也打打不过，又又何况俺师父？（柳残阳《七海飞龙记》）

（119）猫仔道：“阿健，别吊胃口啦！招吧！”（剑亭《霸王煞星》）

（120）我记得有句话说，别门缝里看人——把人看扁了。（《海峡都市报》，2007 年 7 月 30 日）

（121）别打破砂锅问到底，给爱情一点自由的空气。（“小妞情感”百家号，2018 年 11 月 12 日）

上例中，“哪壶不开提哪壶”“东一榔头西一棒子”（表示行动无一定目标）、“有眼不识泰山”“占着茅坑不拉屎”“拿柳条当棒槌”（表示措施无力，无济于事）都是俗语，“瞻前顾后”“引狼入室”为成语，“吹牛皮”“吊胃口”为惯用语，“门缝里看人——把人看扁了”“打破砂锅问到底”是歇后语（歇后语“打破砂锅问到底”早已习见常用，口语中已经凝固为一个词，即已发生“词化”，故“打破砂锅”和“问到底”前后两部分之间不用破折号）。

4.1.2.5　别字独用

别字独用包括单说和单独作谓语两种情况，多用在口语和对话中。

A.“别”字单说的情况，例如：

(122)“别!”马威的脸完全白了，嘴唇颤着，只说了这么一个字。（老舍《二马》）

(123) 别！可别！人家都说您医术高，您就可怜可怜我家，我们大老远地来一趟京城不容易啊！（毕淑敏《预约财富》）

(124)“别，别，凤姑娘，您这是打哪儿说起。我没招您惹您，您怎么找到我家里来了?”（邓友梅《那五》）

B.“别”单独作谓语的情况，例如：

(125) 郭：可以了，说这个意思，我得向你学。

于：呵呵，你别。（《郭德纲相声集》）

(126) 别对我指手画脚，你别！你不要因为我而毁了一切！（斯蒂芬妮·梅尔《暮光之城 1·暮色》）

(127) 这事既已出了，谁也没办法了，以后千万别了。（王朔《我是你爸爸》）

另外，北京话里还可说“别价（‘jie’，别介、别节、别家)”。例如：

(128)“嗯，别价，别价，”我脸上越来越发烫。“算不了什么……”（张天翼《宝葫芦的秘密》）

(129) 胡四：我们待的时候不少了。黑三：别价，您先玩会儿。（曹禺《日出》）

(130) 程雪雁：如其不然哪，我告诉你们皇帝老倌，问你个冒名顶替的罪过。朱焕然：别介，别介。您嘴下留德吧。（京剧剧本《凤还巢》）

4.1.3　“不”与“没（有)”“别”用法分布比较结果

通过对上述语料的描写解释与对比分析，我们可以发现，否定副词“不”与“没（有)”“别”在用法分布方面存在以下区别和联系：

4.1.3.1　共同之处

“不”与“没（有)”“别”在用法分布方面的共同之处主要有六点：

4.1.3.1.1　词性分类和意义功能相同

“不”与“没（有)”“别”在本节中都是否定副词，都是以语法义为主，词汇义为辅，都是表示否定的语法意义，与肯定意义相反。语义功能方面都属于逻辑意义，而不是概念意义。

4.1.3.1.2　把字句或被字句里位置相同

“不”与“没（有）”“别”在把字句或被字句里都必须放在“把”字或“被”字前边。比如“不把他放在眼里”“不被人们理解”，“没（有）把事情办好”“没（有）被任何人听到”，“别把人逼上绝路”“别被这个吓坏了”。

4.1.3.1.3　可单独使用或者重叠使用

“不”与“没（有）”“别”都能单独使用或单独重叠使用来否定特定语境当中上面的话语或内容。也就是说，“不”“没（有）”“别”或“不不”“没（有）没（有）”“别别”都可以用来否定特定语境中前面的话语或内容。

4.1.3.1.4　可作状语并且其限制相同

“不”与“没（有）”“别”都是修饰词，都不能作为句子的主要成分，都能放在谓词性词语（状态形容词除外）的前边作状语，都不能直接修饰状态形容词，比如“雪白”“翠绿”等。

4.1.3.1.5　可据否定词数量判定肯否

“不”与“没（有）”“别”都可以用在陈述句里，如果句子里所有否定词的数量加起来是奇数则句子表示否定的意义，如果句子里所有否定词的数量加起来是偶数则句子表示肯定的意义。

4.1.3.1.6　可两两组合构成双重否定

“不”与“没（有）”“别”两两组合都可以构成双重否定形式，“不”和“没（有）”组合可以构成“没（有）……不”，表示“全部都……”的意思；“不”和“别”组合可以构成“别……不”，表示“不要……不”的意思；“没（有）”和“别”组合构成“别……没（有）”，表示“不要……没（有）”的意思。“不”与“没（有）”“别”两两组合所构成的这三种组合形式都加强了肯定的语气，表示更加肯定的意思。

4.1.3.2　不同之处

“不”与“没（有）”“别”在用法分布方面的不同之处主要有以下 12 点：

4.1.3.2.1　否定对象以及语义内涵不同

“不”既可以否定意愿，又可以否定性状，主要表示意愿否定；“没（有）”既可以否定事情已经发生，又可以否定变化已经发生，主要表示事实否定；而“别”则可以对某些行为、结果、状态表示禁止、劝阻、祈求、警告，主要表示祈使否定。

4.1.3.2.2　构词能力以及使用频率不同

从《现代汉语词典》（第 7 版）可以看出，“不”的构词能力最强，使用频率最高，“没（有）”的构词能力相对较弱，只有少数一些词用“没（有）”构成，使用频率相对较低，“别”的构词能力最弱，使用频率最低。本书“不”“没(有)”“别”固定格式表达方式的数量分布差异也能验证这一点。

4.1.3.2.3　自身连用是否表达双重否定结果不同

“不”和“不”连用、“没（有）”和“没（有）”连用可以分别组成双重否定形式“不……不”和“没（有）……没（有）”，都加强了肯定的语气，表示更加肯定的意思，而“别”和“别”连用则没有这种用法。

4.1.3.2.4　位于两个反义形容词前边的用法不同

“不”用在两个反义形容词的前边，表示“既不……也不”，有恰到好处的意思，“没（有）”用在两个反义形容词前边，表示应该区别而未区别，有不以为然的意思，而“别”则没有这种用法。

4.1.3.2.5　否定结果补语或趋向补语时位置不同

在否定结果补语或趋向补语时，“不”必须放在述语后边，而“没（有）”和“别”必须放在述语前边。例如，“不”否定结果补语“写错”时应该是“写不错”，否定趋向补语“站起来”时应该是“站不起来”；而“没（有）”和“别”否定结果补语“写错”时应该是“没（有）写错”“别写错”，否定趋向补语“站起来”时应该是“没（有）站起来”“别站起来”。

4.1.3.2.6　形成选择问句的条件及回答方式不同

“不”和“没（有）”都能放在谓词性词语的后边或两个谓词性词语中间形成选择问句，而“别”则不能。其中，由“不”形成的两项的选择问句，肯定的回答是谓词性词语，而由“没（有）”形成的两项的选择问句，肯定的回答是“谓词性词语+时态助词”。另外，“不”和“没（有）”都能单独或带上中心语（即形成偏正结构），从否定方面回答两项的选择问句或是非问句，而“别”没有这种用法。

4.1.3.2.7　前面主语的人称自由度不同

“不”和“没（有）”前面的主语人称比较自由灵活，第一人称、第二人称、第三人称都可以用，而“别”前面的主语就有限制，第二人称用得最多，然后是第三人称，但用的情况不是很多，第一人称则很少用。

4.1.3.2.8　在复句中所起连接作用不同

“不”在很多复句中都能够起连接的作用，“别”较少在复句中起连接作用，而“没（有）”则无此用法。“不”在复句中起连接作用的如：“不是A，而是B”“是A，不是B”，连接并列复句；“不是A，就是B”“宁可A，也不B”，连接选择复句；“不仅A，而且B”“不但不A，反而B”，连接递进复句；“不管A，都B”，连接条件复句。“别”在复句中起连接作用的如：“别说A，连B也”，连接递进复句。

4.1.3.2.9　语体色彩以及使用情况不同

语体分析属于语用范畴。依据话语场合、方式和言语区别特征，语体分为口头语体（也称口语）和书面语体（也称书面语）两种。“不”类词出现时间早，多是从古代汉语流传下来的，书面色彩浓厚，既可以用于口语，又可以用于书面语。而“没（有）”和“别”构成的词出现时间晚，多是从北方方言直接进入普通话的，口语色彩浓厚，多用于口语。

4.1.3.2.10　排他性的否定场景用法不同

要表示对判断动词、性质状态的发生或补语的否定，或在双重否定的结构或肯定否定相迭表示疑问的句式里，或“不”字独用来否定前文并引出修正前文的话时，只能用“不”而不能用“没（有）”或“别”；要表示对述补词组或带经历态“过”的动词的否定，或在“动词/形容词＋了”表示疑问的句式末尾，只能用“没（有）”而不能用“不”或“别”；用在“谓词/谓词短语”等前面，或用在一些俗语前面，或“别”字独用等情况，表示劝阻、禁止和不要的意思时，只能用“别”而不能用“不”或“没（有）”。

4.1.3.2.11　言语行为以及行为原则不同

“不”与“没（有）”“别”所实施的言语行为一般来说不同，不同言语行为中存在的行为原则也有差别。言语行为也属于语用范畴。比如，“不＋能愿动词”，如“不可能”，强调主观因素，语气较硬，而“没（有）＋能愿动词”，如“没（有）可能”，强调客观事实，语气委婉，“别”修饰能愿动词较少，如“别想”“别让”，强调对于对方意愿的阻挠、禁止，语气强烈。再如，“不”和“别”用在“客气”前边，可以劝阻对方不要说客气话，是礼貌用语，符合会话礼貌原则中的慷慨准则和谦虚准则，而“没（有）”用在“客气”前边，符合会话合作原则的关联准则，但没有表示礼貌的作用。另外，“不客气”表不必要客气，陈述客观上没必要，而“别客气”表不需要客气，含祈使语气，因此，“不客气”比“别客气”更委婉、更礼貌。

4.1.3.2.12　修饰形容词所受的限制不同

就性质形容词来说，“不”在否定性质形容词时相对自由，而“没（有）”和“别”否定性质形容词则相对不那么自由。如可以说“不积极”“不难看”“不简单”，但不能说“没（有）积极”“没（有）难看”“没（有）简单”，也不能说“别积极”“别难看”“别简单”。下面，依据所收集语料，根据否定副词修饰的形容词音节数分类，我们分别看一下“不”与“没（有）”“别”修饰形容词时自由度的异同。

A. 修饰单音节形容词所受限制方面。

“不”和“没（有）”在修饰单音节形容词时所受的限制比较少。“不老”“不多”“不大”都可以直接说，“没（有）老”“没（有）多”“没（有）大”也都可以直接说。“别”一般不能直接修饰单音节形容词，如“别老”“别多”“别大”等。但是，形容词后如果加上“了”就能成立了，如“别老了”来提醒听话人防止出某种不如意的事情或情况。对该语法现象，我们可以这样解释：与形容词相比，“别”更倾向修饰动词。单音节形容词加上表动作或性状的实现的动态助词“了”后表现出一定的自主、能动意义，在某种程度上具有“动词”的意味。因此，单音节形容词一般不能受“别”修饰，但单音节形容词加上“了”就可以了。举例来说，“这根丝瓜不老”这句话成立，“老”是形容词，但“这根丝瓜别老”就不成立了。“老”加上“了”以后，如“把这根丝瓜摘了吧！别老了”就同样也能成立了，这里“老”的意思是“长得老”，是自主形容词，在某种程度上就具有了“动词”的意味。这里，“不”和“没（有）”受限较少，体现出了相似性，与“别”就表现出了差异。

B. 修饰双音节形容词所受限制方面。

“不”既可以直接修饰表动作性状的双音节形容词，如“不难过”“不着急”“不骄傲”等；又能修饰那些不表动作性状的非自主形容词，如“不平坦”“不高大”等。“没（有）”可以直接修饰表动作性状的双音节形容词，如“没（有）难过”“没（有）着急”“没（有）骄傲”等，但是不能修饰那些不表动作性状的非自主形容词，如“平坦”“高大”等。与“没（有）”相同，“别”也可以直接修饰表动作性状的双音节形容词，如“别难过”“别着急”“别骄傲”等，也不能修饰那些不表动作性状的非自主形容词，如“平坦”“高大”等。这里，很明显“不”在修饰双音节形容词方面有更大的自由，而“别”和“没（有）”体现出了相似性，显得不太自由。

C. 修饰多音节形容词所受限制方面。

“不”和“没（有）”在修饰多音节形容词时所受的限制不多，不管所修饰的成分有没有描述人的性状行为特征的意味，都没有什么大的影响。“不皱皱巴巴的”“不空落落的”都可以直接说，“没（有）皱皱巴巴的”“没（有）空落落的”也都可以直接说。“别”可以修饰多音节形容词，最常见的格式是“别+形容词重叠式+的”，如“别咋咋呼呼的”“别磨磨唧唧的”等。这些形容词在色彩上一般都带有贬义色彩或说话人认为不好的性状；而且在语义特征上，具有描述人的性状行为特征的意味。如果是不具有该语义特征的形容词，就不能受“别”的修饰，如不能说“别皱皱巴巴的”“别空落落的”等。但是，如果在这些形容词前加上一定的动词就能成立，如“别弄得皱皱巴巴的”“别弄得空落落的”。这是因为“别”主要修饰动词，修饰动词要比修饰形容词自由得多。另外，形容词前加上动词后新构成的语法结构整体也体现出了一种描述人的性状行为特征的意味。这里，“不”和“没（有）”体现出了相似性，受限不多，与“别”表现出了差异。

可见，在修饰形容词自由度方面，否定副词“不”与“没（有）”“别”三者之间既有相同，又有差异。总体自由度方面，“不”的自由度最大，受限最少，“没（有）”次之，自由度居中，“别”最不自由，受限最多。

4.2　“不”与“没（有）”“别”的主观与客观比较

根据前人时贤的研究成果，现代汉语常用否定副词“不”和“没（有）”在否定句中具备一定的主观和客观的区别特征，已是不争的事实。具体来说，“不”表示主观色彩的否定，“没（有）”表示客观色彩的否定。本节将通过具体的语言实证来研究现代汉语常用否定副词“没（有）”“别”的主观与客观问题，并将二者与“不”的主观与客观情况进行比较。

4.2.1　“没（有）”与主观客观

4.2.1.1　“没（有）”与主观

现代汉语否定副词“没（有）”用在主观性句子中，表示主观性否定，表明说话人对某人或事的主观态度，从而使整个句子能够表达一种主观上的意图。

我们看下面一些例子：

(131) 但是，面对校园和社区中心里铺天盖地的家教广告，我并没有盲目地轻信宣传，而是谨慎地选择自己的朋友窦老师来指导女儿。（土一族《从普通女孩到银行家》）

(132) 早知道你叫解文华，你是小李庄的，你从小儿就没有干过好事儿。（刘流《烈火金刚》）

(133) 我从上小学开始买书，至今有50多年了，对新华书店的服务从来没有一次满意过，那些盛气凌人的服务员让你有一种“气书”的感觉。（CCL当代语料）

(134) 我从没想过要更改国籍，当我的NBA生涯结束后，我会回中国生活。（姚明《我的世界我的梦》）

(135) 她愤愤不平。难道她错了吗？她明明没错呀！林宛芝给朱瑞芳顺带说了一句，也不好开口。（周而复《上海的早晨》）

(136) 她幸亏想起了这一点，才没有后悔当初的事。（简·奥斯汀《傲慢与偏见》）

根据前人研究结果，“没（有）”一般总是否定一个客观事件的。不过，上例表明，“没（有）”有时还可以否定一个主观事件，表示主观否定。但是，“没

(有)”的这种用法是有条件限制的。在一般情况下，运用时需要一定的上下文语境，即不能够单独使用，只能用在主观性话语否定的语境中，表示对上文语句的否定和对既成事实的否认。上例中的“并没有盲目地轻信宣传”“从小儿就没有”“从来没有一次满意过”“从没想过”“明明没错”“才没有后悔”均表明了句子的主观性意义，但要注意，在整个句子中，话语的主观性态度或意图是由句子中的各种主观性成分综合呈现的，而不仅仅是句中的否定副词“没（有)”在起作用。

4.2.1.2　“没（有)”与客观

现代汉语否定副词“没（有)”用在客观性句子中，表示客观性否定，否定客观事实或客观效果，从而使整个句子能够表达一种客观评价。

我们看下面一些例子：

(137) 你参加过那么多竞争，你没有失败过。(琼瑶《在水一方》)

(138) 她没有理他，甚至连头也没有回，把球传给了另外一边的班长顾养民。(路遥《平凡的世界》)

(139) 这一切，牛月清没有察觉，柳月却在灯暗影里看了个明白。(贾平凹《废都》)

(140) 她的声音颤抖了，没有说出那个“省”字。(陈忠实《猪的喜剧》)

(141) 祥子没言语，也没生气。(老舍《骆驼祥子》)

(142) 他几次申请加入作家协会，没有成功，这使他深感苦闷。(王蒙《惶惑》)

可以看出，上面这些例子都是对客观事实的否定。与前人研究结果显示的一样，现代汉语否定副词“没（有)”用在谓词前面，否定客观事实或客观效果，而不管说话者或施动者的主观意愿，从而使整个句子能够表达一种客观评价。

4.2.2　“别”与主观客观

4.2.2.1　“别”与主观

现代汉语否定副词“别”用在主观性句子中，表示主观性否定，表明说话者对某人或事的主观态度，从而使整个句子能够表达一种主观意志或意图。

我们看下面一些例子：

(143) 大女又说：“别上他的当，他这狗嘴里吐不出象牙来！他是骗咱们哩。”(刘流《烈火金刚》)

(144) 你别过来了吧，在家好好休息，你的脚不能走那么远的路——(艾米《山楂树之恋》)

(145) 别难过了。还是这样好！刚才你不知道，我真担心，我想你刚巧这一

向心里不痛快，老是跟姑爷呕气，不要一看见豫瑾，心里就活动起来，还好，你倒还明白！（张爱玲《半生缘》）

（146）遇到这类传言，先别忙着相信，也别着急传播。（《人民日报》，2017年1月15日）

（147）啊呀，这你别担心！就是为了这事，我刚才还去明楼家找了他。（路遥《人生》）

（148）我们本来不打算跟你说的，你别心烦。根本不要把素云看做咱们家的人就好了，那么对咱们家的名声也还好听。（林语堂《京华烟云》）

上面的例子说明，“别”后面可能是未发生的动作行为，如“上他的当”“过来”，属于说话人主观劝阻，内心希望动作行为不要发生；“别”后面也可能是一些表示情绪态度的词语，如“难过”“着急”“担心”“心烦”，更强调了说话人的主观意志，避免对方陷入说话人主观判定的情绪或情况中，同样表达了语句的主观意图。

4.2.2.2　“别”与客观

现代汉语否定副词“别”用在客观性句子中，表示客观性否定，显示说话人对客观事实的关注，从而使整个句子能够表达一种客观意义。

“别”能表示禁止，后面的动作行为客观上正在发生或已经发生。例如：

（149）然后他一碗一碗地喝着桶里的水，喝到第五碗时，许玉兰担心出事了，她对许三观说：“你别喝了，你再喝会出事的。”（余华《许三观卖血记》）

（150）沈太太道：“你就别说话了，大夫不是不叫你多说话么？”啸桐便不作声了。（张爱玲《半生缘》）

（151）“别打了，妈妈，我求求你，痛死我了！”百丽跪地求情。（岑凯伦《合家欢》）

（152）任保见老婆赶出来，吓得转身向外跑，不料被一个青年一把拉住，“好心”地说：“别出去，上街人家笑话。”（冯德英《迎春花》）

“别”可以提醒听话人，注意防止将来发生不如意的事情。例如：

（153）我风来雨去地惯了，不怕什么，倒是你这单气娇嫩身子，快回家暖和暖和，当心些，别感冒了。（李英儒《野火春风斗古城》）

（154）买卖二手房多留个心眼，别被中介“套路”了。（“新吴普法”搜狐号，2019年2月21日）

例（153）至例（154）中，如果听话人不注意提防，将来就可能会发生“感冒”“被中介‘套路’”这类不好、不如意的客观结果。

可见，用“别”表示禁止、提醒时，更强调说话人对已存在的客观事实或将来可能发生的客观事实的关注，从而表达了语句的客观意义。

4.2.3 “不”与“没（有）”“别”主观客观比较结果

通过对语言实证的比较和研究分析可以看出，“不”与“没（有）”“别”在表示主客观意义的否定句中的确存在着一些形式和用法上的差异，主要体现在以下两个方面。

首先，虽然现代汉语常用否定副词“不”与“没（有）”“别”使用的具体语境和句法搭配成分存在差异，但“不”与“没（有）”“别”都可以用在句子中，使语句整体表达出某种主观意图、主观意义。通常情况下，“不”和“别”多用于表示主观意义的句子中，使语句整体表达出某种主观否定的意义，而“没（有）”相对来说用的少一些。

其次，虽然现代汉语常用否定副词“不”与“没（有）”“别”使用的具体语境和句法搭配成分存在一定的差异，但“不”与“没（有）”“别”都可以用在句子中，使语句整体表达出某种客观意义。在通常情况下，“没（有）”多用于表示客观意义的句子中，使语句整体表达出某种客观否定的意义，而“不”和“别”相对来说用得少一些。

根据前人的研究成果，“不”既可以用在谓词前面，表示说话者或施动者的主观动机或意愿；也可以对某种将要进行的行为或某种情况进行主观评价、认识以及否定性评述。“没（有）”也可用在谓词前面，但它否定客观事实或客观效果，而不管说话者或施动者的主观意愿。实际上，本书的研究表明，现代汉语常用否定副词“不”和“没（有）”都是既可用在表主观意义的句子里，又可以用在表客观意义的句子里。通过进一步的研究分析可以发现，现代汉语常用否定副词“别”也是既可用在表主观意义的句子里，也可用在表客观意义的句子里。虽然现代汉语里这三个常用否定副词在句子里表示主观意义和客观意义的频率和具体语境搭配不同，但至少表明它们三个都有这种功能。

该研究表明，并不是说现代汉语常用否定副词“不”与“没（有）”“别”本身具有主观意义或者客观意义，而是“不”与“没（有）”“别”所在的句子整体表达了一种主观意义或者客观意义。或者可以这样说，判断一个语法结构有没有主观或客观意义的关键在于句子叙述的角度是客观的还是主观的。主客观的意义是由整个句子的意义或者说句子的叙述角度来决定的，而不仅仅是这三个否定副词在起作用。这三个否定副词不是句子表达主客观意义的必然制约因素。前人之所以认为现代汉语常用否定副词“不”与“没（有）”“别”本身具有主观意义或者客观意义，并且习惯于把整个句子或叙述角度所表达的主客观意义归到这三个常用的否定副词头上，只是因为“不”与“没（有）”“别”在整个句子中起一个相当于“关键词”的作用，人们研究关注的焦点被吸引过去而导致忽视了实质性的东西。很显然，前人的这种说法是不合适的。因此可以说，“不”和“别”多用于表示主观意义的句子中，使语句整体表达出某种主观否定的意义；“没（有）”多用于表示客观意义的句子中，使语句整体表达出某种客观否定的意义。

4.3　“不”与“没（有）”“别”的时制时态比较

下面将以具体的语言实证来研究现代汉语常用否定副词“没（有）”“别”的时制与时态问题，并将二者与“不”的时制时态情况进行异同比较，力争找出它们的异同点。

4.3.1　“没（有）”的时制时态

4.3.1.1　“没（有）”的时制

4.3.1.1.1　过去时

“昨天”“去年”“那天晚上”“那时”“那时候”“那一次”等词语都表明是过去时。看下面一些例子：

(155) 昨天没发挥好，主要是队员缺乏大赛经验，踢得有些紧张。(《人民日报》，1993 年 9 月 5 日)

(156) 鼠疫流行了四十多年的吉林省白城地区，去年没有发生鼠疫。(《人民日报》，1958 年 1 月 10 日)

(157) 18 世纪中，包括牛顿和莱布尼兹在内的许多大数学家都觉察到这一问题并对这个问题作了努力，但都没有成功地解决这个问题。(CCL 网络语料)

(158) 在 19 世纪以前，中西没有邦交。西洋没有派遣驻华的使节，我们也没有派大使公使到外国去。(CCL 网络语料)

上例中，“昨天”“去年”“18 世纪中”“在 19 世纪以前”都表明这些行为发生在过去的时间里，“没发挥好”“没有发生鼠疫”“没有成功地解决这个问题”“没有派遣驻华的使节”“没有派大使公使到外国去”，都用了“没（有）”来表示否定。

另外，“没（有）”与“那天晚上”“那时”“那时候”“那一次”“好久”“多年”等表示过去某个时点或时段的词语一起搭配使用，表示过去那个时点或时段事件不发生的意思。例如：

(159) 要知道，那时没有火车，没有汽车，千里迢迢，山川阻隔，都是靠一步一步地跋涉的呵！(《人民日报》，1996 年 5 月 24 日)

(160) 建国以后，我们也想对外开放，但那时候没有条件，人家封锁我们。

(《人民日报》, 1993年7月26日)

(161) 但是那一次没有游人，只有一个警察在值班，并且不断地打呵欠。(王小波《未来世界》)

(162) 全军的政治工作会议多年没有开了，现在开这样一次会议，应该采取什么方法呢？(《邓小平文选第2卷》)

可见，否定副词“没（有）”可以用于过去时。

4.3.1.1.2 现在时

“今天”“现在”“如今”“今年”“这会儿”“此时”等词语都表明是现在时。来看下面一些例子：

(163) 营业员无奈：今天一份挂历也没卖出去。(人民网，2000年11月24日)

(164) 我小时候就很有表演欲，但现在没有当演员，你说你小时候没有表演欲，你现在却是很好的演员。(《鲁豫有约·红伶》)

(165) 现在他还没有醉，但是像他这种喝法，迟早总是要醉的。(古龙《圆月弯刀》)

(166) 如今没找到工作，真是难受死了。(姚建新《水国志2》)

(167) 今年没考上，明年还可以再考。(《人民日报》, 1995年7月19日)

(168) 韩幽桐此时没有被突然事变吓倒，她在重建的地下市委领导下继续工作。(《人民日报》, 1986年3月2日)

上例表明，“没（有）”可以用于现在时句。但其时间意义与体意义有密切联系，因为它表示对事件存在或完成的否定，即事件要么存在，要么不存在；要么已完成，要么没完成。

可见，否定副词“没（有）”可以用于现在时。

4.3.1.1.3 将来时

根据上文“没（有）”的主观客观分析研究结果，否定副词“没（有）”多用于表示客观意义的句子中，否定的是客观事实，从而使语句整体表达出某种客观否定的意义。而“将来时”意味着动作行为发生在将来，现在还没有发生，结果未知，当然更谈不上客观性。因此，否定副词“没（有）”一般不用于将来时。

我们看下面一些例子：

(169) 即使将来没当上龙头，这一层亲戚关系就够他呼风唤雨了！（席绢《今生只为你》）

(170) 万一明天没下雨怎么办？(BCC微博语料)

(171) 要是明天没看见我来上课，你们就不要来找我！(BCC微博语料)

(172) 明天早上没下雨的话就去空腹晨跑。(BCC微博语料)

(173) 记住我今天的话，如果明年没实现，就请你们吃大餐。(BCC微博语

料）

(174) 希勒：如果凯恩明年还是没拿到冠军，那么他就应该立刻离开热刺。（“无忧体育”搜狐号，2020 年 3 月 25 日）

上例中，关联词“即使……就”“万一……”“要是……就”“……的话”“如果……就”“如果……那么”表明句子是假设复句。从“将来没当上龙头”“明天没下雨”“明天没看见我来上课”“明天早上没下雨”“明年没实现”“明年还是没拿到冠军”表明在假设复句中可以假设某一客观事实将来没有发生。

可见，否定副词“没（有）”一般不用于将来时，但在假设复句中可以用于将来时。

4.3.1.1.4　恒常时

“时时”“天天”“常常”“每天”“整天”“老是”“总是”“一直”等词语都表明是恒常时。我们看下面一些例子：

(175) 我外出时没有时时打电话查问她在家的情况，甚至出远门也没有表现得牵肠挂肚。[《人民日报》(海外版)，2002 年 12 月 24 日]

(176) 十年了，我要是没天天想你，我是个兔子！（老舍《方珍珠》）

(177) 我们所教的科目如果没有常常予以适当的复习，教育便不能够达到彻底的境地。(《人民日报》，1957 年 11 月 15 日)

(178) 不过，她却没有整天愁容满面，因为“宁化客家小吃培训中心”让她有了重新找到工作的希望。(《人民日报》，2016 年 9 月 17 日)

(179) 他没有总是重提他的要求，而这爱美的愿望却一直在提着要求。（西奥多·德莱塞《嘉莉妹妹》）

(180) 孩子们虽然没有一直生活在中国，但一直生活在崇尚中华文化的氛围中。[《人民日报》(海外版)，2014 年 9 月 17 日]

上例中，“没有时时打电话查问她在家的情况”“没天天想你”“没有常常予以适当的复习”“没有整天愁容满面”“没有总是重提他的要求”“没有一直生活在中国”，都用了“没（有）”来表示否定。

可见，否定副词“没（有）”可以用于恒常时。

4.3.1.2　“没（有）”的时态

同上文一样，这里只以现代汉语最典型的时体标记——助词“了”（对应于完成体)、“着”（对应于进行体)、“过”（对应于经历体）作为分析对象，对其相应的否定形式及与“没（有）”的共现情况进行分析。

4.3.1.2.1　完成体——了

根据“了”在句中出现的位置，“了”分成“$了_1$”和“$了_2$”两种用法。语气助词“$了_2$”用在句子的末尾或句中停顿的地方，表示变化或出现新的情况。

笔者认为“了$_2$”不表示时体意义，故在此不予讨论。

“了$_1$”用在动词或形容词后面，表示动作或变化已经完成。这里的“动作或变化”，可能是实际上已经发生的，也可能是预期或假设的。大家普遍认为动态助词“了$_1$”是表示完成体的最典型的语法标记。我们看下面一些例子：

（181）不用说咱还没犯了死罪；就是我罪大该死，也要叫党枪毙我，枪毙了我对党有利。（《人民日报》，1948年7月1日）

（182）同时吸收十五个妇女参加，结果粮既按时送了，又没误了锄苗。（《人民日报》，1948年7月5日）

（183）涞水有的区干部向群众宣传说：“在土改中没翻了身的，可多使贷款。”（《人民日报》，1948年7月18日）

（184）结果不但没纠正了孩子的错误，反而加强了孩子说谎的技能。（《人民日报》，1949年6月28日）

（185）后来我想了想，我要死了就不能报仇了，才没跳了井！（《人民日报》，1949年9月18日）

（186）他把背上的邮包解下来一看，完完整整的，他高兴地说：“没湿了邮件，就是胜利呀！”（《人民日报》，1969年11月23日）

例（181）至例（185）中“犯”“误”“翻”“纠正”“跳”为动词，例（186）“湿”为形容词。“犯了死罪”“误了锄苗”“翻了身”“纠正了孩子的错误”“跳了井”“湿了邮件”都表示动作或变化已经完成，属于完成体。

可见，否定副词“没（有）”可以用于“完成体——了”。

4.3.1.2.2 进行体——着

一般认为，“在V”和“V着”的预设是“V了”，其否定形式是“没（有）V”。因此，“没（有）V”既可以看作是“在V”的否定，也可以看作是“V着”的否定。但刘月华等（2001）在《实用现代汉语语法》（增订本）一书中指出，否定动作或状态持续时用“没（有）”，“着”仍保留。例如：

（187）A：怎么这么冷？窗户开着了吗？

B：窗户关上了，没开着。（刘月华等，2001：398）

（188）A：你是在躺着吗？

B：我没躺着，坐着呢。（刘月华等，2001：398）

本书同意刘月华等的观点。“没（有）V”是“V着”的否定式，但“没（有）V”自身已经失去了持续的意义，只表示事件存在的否定，因此，如果要在“没（有）V”的时间意义上附加持续意义的话，应该要用“着”表示进行体的时体意义。

可见，否定副词“没（有）”可以用于“进行体——着”。

4.3.1.2.3　经历体——过

一般动词后加的“过”的用法可以分为两种，一种是动态助词“过”，另外一种是结果补语“过”。这里只讨论动态助词“过”表示经历体的用法。

“过”表示经历体，其否定式是“没（有）V过”。例如：

(189)“不知道，我没坐过出租车。”石志康接着又说：“我想最少也要三十元。”(余华《他们的儿子》)

(190) 一家人有一、两个月没尝过米的味道了，那种高兴劲啊，实在是说不出来。(余华《活着》)

(191) 如果冰心老人始终没离开过早年的那个家，那么今天的回家梦也就失去了任何意义。(余秋雨《乡关何处》)

(192) 您要是没研究过它，还千万别乱插嘴；您说小脚它裹得苦，它裹得也挺美呢！(冯骥才《三寸金莲》)

(193) 凤霞以前没学过织毛衣，我们家穷，谁也没穿过毛衣。(余华《活着》)

(194) 当时我既没有见到过毛主席，也没有听过毛主席讲话，甚至连毛主席的著作也没有读过。(《人民日报》，1976年12月25日)

上例中，“没（有）V”本身不具有任何时体意义，但附加动态助词“过”以后，“没坐过”“没尝过”“没离开过”“没研究过”“没学过……没穿过”“没吃过……没见过”“没有见到过……没有听过……没有读过”都产生了经历的意义。

可见，否定副词“没（有）”可以用于“经历体——过”。

4.3.2　“别”的时制时态

4.3.2.1　“别”的时制

4.3.2.1.1　过去时

“别”能用来表示劝阻或禁止，常用于祈使句。例如：

(195) 今天会很晚，大家别等了。(BCC微博语料)

(196) 别惹我，否则你会后悔的！(莱蒙特《农民们（下）》)

(197) 得得得，别耍贫嘴了，一点正经都没有。(柳建伟《英雄时代》)

“别”还表示提醒听话人注意防止发生不如意的事情。例如：

(198) 路上多加小心，别感冒了。(路遥《平凡的世界》)

(199) 请他们两位注意，时间是晚八点半，千万别误了。(老舍《方珍珠》)

(200) 上街的时候，别忘了带包烟回来哟！(老舍《四世同堂》)

不难发现，否定副词“别”可以表示对现在或将来的动作行为、状态的劝阻、禁止或提醒，不能表示对过去的动作行为、状态的劝阻、禁止或提醒。因此，无论怎样大家都不会说出像“昨天会很晚，大家别等了”或者“昨天别感冒了”这样的句子。

可见，否定副词“别”不能用于过去时。

4.3.2.1.2　现在时

“今天”“今年”“这次”“这个月”“现在”“如今”“现如今”“此时此刻”等词语都表明是现在时。看下面一些例子：

（201）今天别卖了，反正也不差这一天。（《人民日报》，1996年5月14日）

（202）今年别穿风衣了，皮衣更加新潮有型，长款短款都百搭。（“Lady变美日记”百家号，2020年2月8日）

（203）两天前您刚开了7天的药量，这次别开了行不行？（BCC微博语料）

（204）王德仁，现在别出去了，小心叫白毛风雪吞了你。（《人民日报》，1962年12月7日）

（205）如今别说两个布的钱，一尺布的钱，也拿不出。（周立波《暴风骤雨》）

（206）但在此时，别说要为这个结果高兴了，她连接受这个现实都办不到。（BCC语料库篇章检索语料）

上例中，“别卖了”“别穿风衣了”“别开了”“别出去了”“别说两个布的钱”“别说要为这个结果高兴了”，都用了否定副词“别”来表示否定。

可见，否定副词“别”可以用于现在时。

4.3.2.1.3　将来时

“明天”“明年”“下次”“下周”“下个月”“以后”“将来”“未来几天”等词语都表明是将来时。我们看下面一些例子。

（207）老师，我一定改，您下次别来了！（《人民日报》，1981年7月23日）

（208）妈，您这几天太累了，明天别去市场了，好好在家歇一天。（《人民日报》，1997年1月2日）

（209）全年没休假或未休完的，下个月别忘了申领经济补偿！（军路网，2018年12月23日）

（210）明年别再盲目买房了！楼市释放2大“信号”，李嘉诚早有先见之明。（腾讯网，2019年8月16日）

（211）回来就好，以后别忘了有时间一定要通知我们一声。（李凉《神偷小千》）

（212）我希望这可怜的小家伙将来别长满一脸雀斑。（考琳·麦卡洛《荆棘鸟》）

上例中，“别来了”“别去市场了”“别忘了申领经济补偿”“别再盲目买房了”“别忘了有时间一定要通知我们一声”“别长满一脸雀斑”，都用了否定副词

“别”来表示否定。由于“别”不仅能用来表示劝阻或禁止，常用于祈使句，还可以表示提醒听话人注意防止发生不如意的事情。从这种意义上来说，“别”可以用于将来时并不难理解。

可见，否定副词“别”可以用于将来时。

4.3.2.1.4　恒常时

“时时”“天天”“每天”“整天”“经常”“老是”“总是”“一直”等词语都表明是恒常时。我们看下面一些例子：

(213)“我是否患新冠肺炎”成线上问诊热门，专家：别时时捏着手机。(澎湃新闻，2020 年 2 月 17 日)

(214)“大生！叫我‘小山’，别天天叫先生，一处作事，就该亲兄弟一样，不要客气！至于举个例——可不容易。”(老舍《老张的哲学》)

(215) 我说爸你别整天思考这些严肃的事了，那是中央领导人的事，你思考得再深刻也没什么用的。(梁晓声《冉之父》)

(216) 宋像：别经常对孩子说“你好好读书不要多想”。(“为本心理”搜狐号，2018 年 2 月 4 日)

(217) 晓燕同情地望着她，说：“你别总是难过。就住在我家，叫爸爸帮你想办法。”(杨沫《青春之歌》)

(218) 沈培大惑不解，“祖斐，你别一直责问他，他已经为你留在这里，你如愿以偿。”(亦舒《异乡人》)

上例中，“别时时捏着手机”“别天天叫先生”“别整天思考这些严肃的事”“别经常对孩子说”“别总是难过”“别一直责问他”，都用否定副词“别”来表示建议、劝阻或禁止。

可见，否定副词“别”可以用于恒常时。

4.3.2.2　“别”的时态

同上文一样，这里也只以现代汉语最典型的时体标记——助词“了”（对应完成体）“着”（对应进行体）“过”（对应经历体）作为分析对象，对其相应的否定形式及与“别”的共现情况进行分析。

4.3.2.2.1　完成体——了

根据助词“了”在句中出现的位置，分成了“了$_1$”和“了$_2$”两种用法。

“了$_1$”用在动词或形容词后面，表示动作或变化已经完成。这里的“动作或变化”，可能是实际上已经发生的，也可能是预期或假设的。大家普遍认为动态助词“了$_1$”是表示完成体的最典型的语法标记。看下面一些例子：

(219) 别高估了庸俗的力量，也别低估了小镇青年的审美能力。(《人民日报》，2016 年 2 月 24 日)

(220) 别得了便宜还卖乖！(BCC 微博语料)

（221）俗话说百善孝为先，别娶了媳妇忘了娘！（“老白情感攻略”百家号，2018年4月8日）

（222）王丽晴：疫期预付式消费纠纷，别让疫情湮没了信任。（“时评界评论”搜狐号，2020年3月26日）

（223）疫情警报尚未解除，别“好了伤疤忘了疼”。（“冯海宁之声”百家号，2020年2月24日）

（224）别冤枉了山羊。[《人民日报》（海外版），2002年4月29日]

上例中，“高估了”“低估了”“得了”“娶了媳妇忘了娘”“湮没了”“好了伤疤忘了疼”“冤枉了”都表示完成体。

语气助词“了$_2$”用在句子的末尾或句中停顿的地方，表示变化或出现新的情况。笔者认为“了$_2$”不表示时体意义，故在此不予讨论。

可见，否定副词“别”可以用于“完成体——了”。

4.3.2.2.2　进行体——着

否定副词“别”可以与进行体标记“着”搭配。例如：

（225）你们别站着了，到我边上坐下。（《人民日报》，2017年11月18日）

（226）金太太道：“你两个人，应该先把一个到新屋子里去照应，一个人在这里料理东西上汽车，别坐着了。”（张恨水《金粉世家》）

（227）一个人躺在床上，就爱想心事的，您别躺着了，到外面屋子里坐着透透空气罢。（张恨水《夜深沉》）

（228）别吃着碗里的看着锅里的，别人的婚姻不用羡慕。（“情感咨询师艾登”百家号，2019年12月24日）

（229）跑吧！别伸着脖子等死。（《人民日报》，1949年5月25日）

（230）但依然不断听到夏竹筠的声音：“别穿着鞋在沙发上踩。”（张洁《沉重的翅膀》）

上面“别站着”“别坐着”“别躺着”“别吃着碗里的看着锅里的”“别伸着脖子等死”“别穿着鞋在沙发上踩”都是否定副词“别”用于进行体的例子。“别”用来表示劝阻、建议或禁止，常用于祈使句，表示不要让动作和状态持续进行下去。

可见，否定副词“别”可以用于“进行体——着”。

4.3.2.2.3　经历体——过

动词后加“过”的用法一般可分为两种，一种是动态助词“过”，另一种是结果补语“过”。这里只看动态助词“过”表示经历体时的用法。

由前文可知，“过”表示经历体，其否定式是“没（有）V过”，不是“别V过”。可以认为，“别”属于行为劝禁类否定副词，多用于对他人的行为进行劝阻或禁止，而“经历体——过”表示行为已经发生，则没有再劝阻或禁止的必要性。因此，否定副词“别”的否定属性跟经历体不能发生关系。在语料中尚未发现“别”与“过”共现的例子，也证明了这一观点。

可见，否定副词“别”不能用于“经历体——过”。

4.3.3 “不”与“没（有）”“别”时制时态比较结果

4.3.3.1 时制方面

本书把现代汉语的“时”——时制分为“过去时”“现在时”“将来时”“恒常时”。“不”与“没（有）”“别”时制比较研究结果为：

1. 过去时：否定副词“不”与“没（有）”可以用于过去时，否定副词“别”不能用于过去时。

2. 现在时：否定副词“不”与“没（有）”“别”都可以用于现在时。

3. 将来时：否定副词“不”与“没（有）”“别”都可以用于将来时，但“没有”需要符合一定的条件才可以。

4. 恒常时：否定副词“不”与“没（有）”“别”都可以用于恒常时。

4.3.3.2 时态方面

本书把现代汉语的“体”——时态分为“完成体”“进行体”“经历体”。“不”与“没（有）”“别”时态比较研究结果为：

1. 完成体——了：否定副词“不”不能用于“完成体——了”，而否定副词“没（有）”和“别”可以用于“完成体——了”。

2. 进行体——着：否定副词“不”满足一定的条件后，如前面与“无时”“无时无刻”搭配时，可以用于“进行体——着”，而否定副词“没（有）”和“别”可以相对普遍地用于“进行体——着”。

3. 经历体——过：否定副词“不”和“别”不能用于“经历体——过”，而否定副词“没（有）”可以用于“经历体——过”。

4.4 本章小结

本章在现代汉语共时平面将否定副词“不”与“没（有）”“别”在用法分布、主观客观、时制时态三个方面进行了异同比较。研究结果如下。

4.4.1 用法分布比较结果

4.4.1.1 相同之处

1. 词性分类和意义功能相同。
2. 把字句或被字句里位置相同。
3. 可单独使用或者重叠使用。
4. 可作状语并且其限制相同。
5. 可据否定词数量判定肯否。
6. 可两两组合构成双重否定。

4.4.1.2 不同之处

1. 否定对象以及语义内涵不同。
2. 构词能力以及使用频率不同。
3. 自身连用是否表达双重否定结果不同。
4. 位于两个反义形容词前边的用法不同。
5. 否定结果补语或趋向补语时位置不同。
6. 形成选择问句的条件及回答方式不同。
7. 前面主语的人称自由度不同。
8. 在复句中所起连接作用不同。
9. 语体色彩以及使用情况不同。
10. 排他性的否定场景用法不同。
11. 言语行为以及行为原则不同。
12. 修饰形容词所受的限制不同。

4.4.2 主观客观比较结果

“不”与“没（有）”“别”都可以用在句子中，使语句整体表达出某种主观意图、主观意义或客观意义。通常情况下，“不”和“别”多用于表示主观意义的句子中，使语句整体表达出某种主观否定的意义，而“没（有）”相对来说用得少一些；“没（有）”多用于表示客观意义的句子中，使语句整体表达出某种客观否定的意义，而“不”和“别”相对来说用得少一些。

研究表明，并不是说现代汉语常用否定副词“不”与“没（有）”“别”本身具有主观意义或者客观意义，而是“不”与“没（有）”“别”所在的句子整体表达了一种主观意义或者客观意义。

4.4.3 时制时态比较结果

时制方面，否定副词“不”可以用于过去时、现在时、将来时、恒常时；否定副词“没（有）”可以用于过去时、现在时、恒常时，一般不用于将来时，但在假设复句中，假设某一客观事实将来没有发生或根据常识、惯例、习惯等可以推测某一事件或现象将来没有发生时，也可以用于将来时；否定副词“别”可以用于现在时、将来时、恒常时，但不能用于过去时。

时态方面，否定副词“不”满足一定的条件后，如前面与“无时”“无时无刻”搭配时，可以用于“进行体——着”，不能用于“完成体——了”“经历体——过”；否定副词“没（有）”可以用于“进行体——着”“完成体——了”“经历体——过”；否定副词“别”可以用于“完成体——了”和“进行体——着”，不能用于“经历体——过”。

第五章　儿童口语中“不”的习得情况考察

在现代汉语中，否定副词“不”的出现频率很高，学者们已从多个角度进行了深入的探讨。纵观儿童习得领域，“不”及相关结构的习得研究起步较晚。儿童语言学者关注的重点是汉语儿童整个否定词系统及否定句的发展状况，如周国光（2002）重点考察了汉语儿童语言中的“不”及相关否定结构在句法平面的分布状况，“不”在语义平面的语义指向及其否定焦点的状况。傅满义（2006）归纳了1～5岁汉语儿童“不”字否定句的语用类型，并重点分析了儿童构建预设的方式及儿童语用能力的发展。张云秋、王忠玲、肖永华（2006）以成人语言否定结构为参照框架，对1～4岁汉语儿童的否定结构类型和否定标记的误用进行了研究。范莉（2007）根据3名1～2岁儿童长期追踪语料，从词汇、句法和语义三个方面详细分析了早期汉语儿童对普通话中否定词的获得过程。彭小红、易叔儒（2011）根据两名1～3岁儿童长期跟踪的语料，分析了儿童早期否定习得的误用现象，并探究了否定误用产生的原因。

从儿童口语中出现的所有否定副词成员总体情况来看，“不”占据了极其重要的位置，出现时间较早，使用频率较高。傅满义（2002）的调查显示，1～5岁儿童语料中，“不”的使用频率最高，占比83.5%；而其他的否定副词，如“没”仅占15.6%，“别”占0.9%。“不”的地位如此重要，而这方面的研究却相对零散，因此本书认为有必要系统梳理相关文献，进一步分析考察早期汉语儿童在习得“不”的过程中所呈现的阶段特征、分布类型、语用类型、误用现象，以及有关的习得机制等问题，这对推进母语教学及儿童发展心理学等方面的研究具有一定的参考价值。本章节的语料主要来源于CHILDES系统（儿童语言数据交流系统）普通话儿童口语语料库，也有少部分借鉴了现有研究中的相关语料。

5.1 “不”的发展阶段

在探讨儿童“不”的习得之前，有必要先考察一下儿童话语中“不”的习得经历了几个发展阶段。从个体发展来看，儿童习得“不”的过程与儿童言语发展的过程是一脉相承的，都表现出了一定的阶段性和顺序性。根据许政援、朱曼殊等心理学者的观察和研究，自出生以后，儿童言语的发展是一个连续的、有次序的、有规律的过程。许政援（1994/2002）将这个发展过程概括为6个阶段：(1)简单发音阶段——初生到3个月；(2)连续音节阶段——4个月到8个月；(3)学话萌芽阶段——9个月到1岁；(4)单词句阶段——1岁左右到1岁半；(5)简单句阶段——1岁半到2岁；(6)复合句阶段——2岁到3岁。

本书参照了傅满义（2002）、李宇明（2004）、孔令达（2004）等学者的研究，根据儿童口语中“不”的实际习得情况，将儿童对否定副词“不”的习得大致归纳为以下3个阶段。

5.1.1 “不”的语前阶段（1;00[①]岁之前）

儿童学话萌芽之前，主要是1岁之前（1岁记作1;00岁，下文年龄格式相同），可统称为语前阶段。现有研究表明，在独词句阶段之前，应该有一个语前阶段。李宇明（2004：137）指出：“在语前阶段，儿童虽然能用一些特定的音表达一些特定的意思，甚至有些已经近乎‘词’；但是，音与义的结合还非常模糊和不稳定，与独词句阶段的语言单位在形式和意义上都有很大的差异。”

在语前阶段，虽然儿童还不会说话，但该阶段却是儿童能够说出“不”的准备时期。一方面，儿童能够初步理解一些含有否定词的成人话语，并做出相应的动作反应。如妈妈经常会告诉婴儿不要触碰危险的物品，经常会指着一杯热水，反复强调：“这个水很烫，痛，不能摸。”一岁左右的儿童会乖乖听话，意识到热水是不能摸的。这说明，在语言发生之前，儿童已经有了思维和智慧，具有初步的言语理解能力。另一方面，在语前阶段，儿童能够运用一些声音、体态等非语言手段来表示拒绝或否定，如摇头、扭身、哭叫、挣扎等。虽然这一阶段还没有出现语言，儿童还不会说“不”，但儿童已经有了否定意识。李宇明（2004：177）指出：“这种‘语前’否定意识的建立，为儿童否定句的产生做出了认知和语用上的准备；待到儿童开始说话时，否定句也就能立即产生。”

---

① 凡是年龄如1;00均采用英文标点符号，统一采用CHILDES系统用法——作者注。

5.1.2 “不”的独词句阶段（1;00—1;07 岁）

在独词句阶段，含有“不”的语言单位开始出现。通过检索 CHILDES 系统 10 名 1;02 岁儿童的语料，发现有 3 名儿童的口语中出现了“不”，一共 4 例，其中 3 例为“不要”，1 例为“不睡”。例如：

（1）（情景：妈妈想要找个娃娃陪儿童睡觉）

MOT：找个娃娃吧。要不要啊？

CHI：不要。

MOT：不要啊。要大熊猫吧？

CHI：要。（Zhou1/HaoHao，1;02）

（2）（情景：妈妈哄儿童睡觉，儿童不愿意睡觉）

MOT：拍拍它（指大熊猫），让它睡觉。唱“摇啊摇”，叫它睡觉。拍拍熊猫，像飞机一样，飞机回家了吧。好好，来，像飞机一样睡觉。

CHI：不睡。（Zhou1/HaoHao，1;02）

从形式上来看，“不要”“不睡”中的“不”看起来像“词”，但组合能力却很弱，出现的用例极少。根据李宇明（2004：139—140）所观察的个案材料来看，女童 D 在出生后的 405 天到 475 天这 70 天内（大约是 1;01—1;03 岁期间，处于独词句阶段），共出现了 6 个含有“不”的语言单位——不、不喝、我不、不敢、不要、不穿。李宇明称其为“否定性语元”，都是用来否定行为或动作的。李宇明提出“语元”的概念，认为“语元”才是儿童早期使用的最小话语单位，“其语音、语义具有一定的含混性和不稳定性，它不具有内部结构关系，不具有或只具有十分模糊的组合功能”。

同语前阶段的非语言手段相比，儿童在独词句阶段表达自身否定意愿的手段有了进一步提升，即学会了运用否定性语元作为交际工具。尽管“不”出现得较早，但通过三名儿童（Yang/Xu/Tong）1;05—1;07 岁期间的语料检索，发现“不”的出现频率并不是很高，儿童口语中真正大量频繁输出“不”应是 1;08 岁左右。所以，这一阶段的划分，暂定为 1;00—1;07 岁。

5.1.3 “不”的多词句阶段（1;08—3;00 岁）

1;08 岁以后，儿童认知水平有了很大提高，言语表达能力有了较大进步，反映在“不”的习得上，则是儿童能够陆续说出不同类型的“不”字结构，如“不+动词/形容词”“动词+不+补语”“动词$_1$/形容词$_1$+不+动词$_1$/形容词$_1$”等，并且结构类型越来越复杂多样。2;06 岁前后，儿童对“不”的习得存在明显差异，2;06 岁之前，否定结构类型还是以简单句为主，多是谓宾句、主谓句或主谓宾句，当然也有一些简单复合句。2;06 岁之后，带有“不”的复合句开始变得复杂，最典型的特征是：“不”的否定结构中儿童使用了一些关联词语。例如：

(3)（情景：同同和妈妈吃饭）

MOT：你饿不饿啊？

CHI：不饿。（Tong，1;08）

(4)（情景：爸爸在拍录像）

MOT：等爸爸妈妈跟同同拍完录像了，我们一起出去玩儿。

CHI：妈妈，爸爸出不出去玩？

MOT：爸爸也出去。（Tong，2;04）

(5)（情景：妈妈问白色的是什么）

MOT：是海鸥。是鸟。白色的海鸥。鸟啊。

CHI：不是海鸥，是鸟。

MOT：是鸟。海鸥也是一种鸟。（Tong，2;07）

(6)（情景：儿童还要削铅笔）

CHI：我再要拿一支铅笔来削。削完了就好了，就不削了。

MOT：啊？你说什么？

CHI：削完了别的铅笔，就不削了。（Tong，3;01）

根据儿童“不”的习得情况，本书以 2;06 岁为分界线，将多词句阶段又分为两个小段：(1) 2;06 岁之前，为简单句阶段。(2) 2;06 岁之后，为复合句阶段。张云秋、王忠玲、肖永华（2006）在考察 4 岁前儿童否定结构类型时，也提出了 2 岁半前后完全不一样的说法，也就是说，2 岁半前儿童的否定结构只是与“否定-动作”或“否定-性质”这样的认知经验结构相配的一些类型。在早期语法阶段，儿童要习得的语义范畴很多，如假设（“不写完不睡觉”“不打不成器”等)、被动和处置（如“不被社会重视”“不把自行车骑走”等），这些语义范畴主观性较强，认知处理难度较大，如果这些语义范畴尚未被习得，那么由此构成的复杂否定结构的习得可能性就非常小。所以，受多种语义范畴熟悉程度的影响，2;06 岁之前的儿童还停留在使用简单否定结构的阶段。本书搜集的语料也与这一观点吻合。

综上所述，早期汉语儿童“不”字结构的习得过程可以分为三大阶段：(1) 1;00 岁之前，“不”的语前阶段。(2) 1;00—1;07 岁，“不”的独词句阶段。(3) 1;08—3;00 岁，“不”的多词句阶段。多词句阶段又以 2;06 岁为界，2;06 岁之前为“不”的简单句阶段，2;06 岁之后为“不”的复合句阶段。总体来看，3;00 岁以后，儿童基本上已经习得了各种复杂的“不”字结构，且发展日趋平稳。

鉴于此，本章重点考察了一名汉语儿童在1;08－3;04岁期间“不”的总体习得情况，下面关于分布类型、语义特点等问题的讨论也是建立在对该年龄段内语料整理的基础之上。

5.2 “不”的分布类型

关于“不”的分布类型，不同的研究者，归纳的类型数量有差异。周国光（2002）总结了9类，傅满义（2002）概括出7类，张云秋、王忠玲、肖永华（2006）发现了7类。其中，张云秋等人以成人否定结构类型为参照框架，以此来探讨4岁之前儿童否定结构习得的真实面貌。通过对比发现，成人的否定结构类型有26种。4岁前儿童的结构类型则非常少，只有12种，而且4岁前儿童结构类型基本上是成人结构范畴中的典型成员。一般来说，成人语言已经处于一个非常稳定成熟的阶段，成人口语中句法结构类型也比较完整齐全，以成人的否定结构为参照来寻找儿童否定词“不”的分布类型，这种研究方法有很大的借鉴意义。

5.2.1 成人“不”的结构类型

张云秋等人归纳的否定结构类型，其中涉及“不”的结构，成人使用的总共有17种，而4岁前儿童使用的只有7种。具体类型对比如下。

A. 不＋动词（＋宾语）。成人和4岁前儿童都使用。例如：不来/不喜欢他。

B. 不＋副词＋动词（＋宾语）。成人使用，4岁前儿童未使用。例如：不太喜欢他。

C. 不＋形容词＋动词。成人使用，4岁前儿童未使用。例如：不努力学习/不深入讨论。

D. 不＋助动词（＋动词）。成人和4岁前儿童都使用。例如：不能/不行/不愿意说。

E. 动词＋不＋补语。成人和4岁前儿童都使用。例如：打不开/写不好/举不起来。

F. 不＋动词＋补语＋不＋动词。成人使用，4岁前儿童未使用。例如：不写完不睡觉。

G. 不＋把字短语＋动词。成人使用，4岁前儿童未使用。例如：我一定不把自行车骑走。

H. 不＋被字短语＋动词。成人使用，4岁前儿童未使用。例如：不被社会承认。

I.（助）动词+不+（助）动词。成人和4岁前儿童都使用。例如：他今天来不来？

J. 不……不。成人使用，4岁前儿童未使用。例如：不打不成器。

K. 不+形容词。成人和4岁前儿童都使用。例如：不漂亮/不干净。

L. 不+比况短语+形容词。成人使用，4岁前儿童也出现了该类结构，但使用得不正确。例如：不比我高多少/不像我这么傻。

M. 介词短语+不一样/不同。成人使用，4岁前儿童也出现了该类结构，但使用得不正确。例如：这个和那个不同/他跟我不一样。

N. 不+怎么/那么/……。成人使用，4岁前儿童未使用。例如：不怎么便宜/不那么扎眼。

O. 不+程度副词+形容词。成人使用，4岁前儿童未使用。例如：不太好/不十分结实。

P. 形容词+不+形容词。成人和4岁前儿童都使用。例如：这个电影好不好/大不大。

Q. 否定性周遍句。成人和4岁前儿童都使用。例如：什么都不知道/一点儿也不好。

以上类型划分得非常细致，如A、B、C单独分类，区别就在于动词前面有没有副词或者形容词修饰。K、O也是同样的情况。另外，其他一些研究者的类型划分也存在交叉重复的问题，如傅满义（2002）从1~5岁儿童语料中归纳出的7类带“不”的结构：A. 不+动词；B. 不+动词性结构；C. 不+能愿动词/能愿短语；D. 动+不+补；E. 不+形（形容词/形容词短语）；F. X不X；G. 不+介宾+动。像A、B、C这些小类其实可以概括为一类。

一般来说，随着儿童的思维从具体思维阶段（1岁前）经由直觉行动阶段（1~3岁）发展到具体形象思维阶段（3~6岁），儿童语言的习得也经历了一个逐步发展的过程：从语前阶段经由独词句阶段发展到多词句阶段。在这个过程中，儿童掌握的词汇、词类、句型越来越丰富，反映在“不”上必然是一种简单的分布类型不断添加新的修饰成分，如动词前添加副词作状语，动词后添加介词短语作补语，当然也可能添加把字短语或者被字短语等，这些附加成分的扩充，可以概括为一大类，大类之下如有必要也可以适当划分小类。所以，在前人研究的基础上，根据搜集的语料真实情况，本书重新归纳了早期儿童“不”字结构的分布类型。

5.2.2 儿童“不”的结构类型

本书重点考察汉语儿童1;02－3;04岁语料中“不”的句法分布情况，经调查发现，该年龄区间基本上涵盖了前人归纳的否定结构类型，未涉及的部分借用相关文献的语料。根据语料情况，早期儿童“不”的结构类型主要有以下几种。

“不”独用。这种类型并不多见，主要用于儿童对前面问题做出否定回答或者做出拒绝反应。前人的研究未将其单独归为一类，鉴于该结构句法分布的独特性，有必要单独列出。举例如下：

(7)（情景：爸爸想让同同把裤子穿上）

FAT：同同，你怎么没穿裤子啊？快去穿裤子好不好？

CHI：不。

FAT：穿裤子爸爸喜欢你啊，好不好？(Tong，2;02)

例（7）爸爸希望儿童赶紧穿上裤子，儿童使用了“不”，说明他是拒绝配合的。在同同1;07－3;04岁期间长达22个月的自然话语中，这类用法也仅出现了5例。另外，10名1;02岁儿童口语中，也没有发现“不”单独使用的情况。不过，依据李宇明（2004）的个案材料，“不”可能在独词句阶段就已出现，1;01－1;03岁期间有2例含有“不”的结构——“不”“我不”。

不+谓词性结构。谓词性结构包括单个谓词和含谓词在内的短语结构，单个谓词可以是动词，也可以是形容词。而动词和形容词又有不同的小类，如动词又有动作动词、心理动词、趋向动词、助动词等，由于它们都出现在谓语位置，故而将其归为一类。例如：

(8) 不痒。(Tong，1;09)

(9) 我不坐车。(Tong，1;10)

(10) 这不是锁。(Tong，2;00)

(11) 他不高兴。(Tong，1;10)

以上例子都是比较基本的简单句。2岁以后，随着儿童语言能力的发展，“不+谓词性结构”开始发生一些显著的变化，如2岁前儿童极少涉及话题或者主语，到2岁时已有“话题/主语＋不＋谓语”结构，也会出现比较完整的主谓宾结构，以及话题后置的情况。再如，儿童也会在“不+谓词性结构”中使用不同的虚词、不同的短语类型，以及变换句子的不同语气类别。例如：

(12) 不好走了，这车。(Tong，2;00)

(13) 我也不理你了。(Tong，2;01)

(14) 我马上就不哭了。(Tong，2;04)

(15) 爸爸怎么不穿鞋呀？(Tong，2;04)

(16) 我不在这边玩了。(Tong，3;01)

(17) 跟一般的汽车不一样。(Tong，2;01)

(18) 老是玩这些车不新鲜。(Tong，3;00)

例（12）采取了“这车”话题后置的方式，例（13）（14）在动词前添加了副词“也”“马上”“就”，例（15）采用了疑问句的形式，例（16）（17）分别在谓词前添加了介词短语“在这边”“跟一般的汽车”，例（18）主谓结构中的主语则是由判断句“老是玩这些车”构成的。总的来说，“不+谓词性结构”在大的框架之内，结构长度可以不断灵活填充或扩展，相应地结构层次复杂性有所增加，它不只限于简单的“不+动词”“不+形容词”，也可以是“不+动补/动宾/连动结构”等，甚至是可以糅合两种或以上的结构，如“不”后面的连动结构中间可以插入把字短语或者介词短语。例如：

(19) 我不要屙粑粑。(Tong，1;10)

(20) 别的不会做。(Tong，2;00)

(21) 不可以拿出来。(Tong，2;01)

(22) 这个不可以放在这里。(Tong，2;02)

(23) 不要把我的汽车弄倒。(Tong，2;02)

(24) 大鲨鱼不知道到哪里去了。(Tong，2;03)

(25) 我不要在这里看。(Tong，2;07)

(26) 我下次再也不敢吃这糖了。(Tong，3;02)

张云秋等人（2006）的研究未发现4岁前儿童使用成人语言中一些否定结构类型的情况，如“不+副词+动词（+宾语）”（见例27）、“不+把字短语+动词”（见例23）、“不+程度副词+形容词”（见例28）、“介词短语+不一样/不同”（见例29）。不过，汉语儿童Tong在1;07－3;04岁年龄段内却出现了以上结构类型。举例如下：

(27) 大扇子不好扇。(Tong，3;02)

(28) 这个汽车最不太好。(Tong，2;01)

(29) 跟一般的汽车不一样。(Tong，2;01)

所以，同5.2.1成人“不”的结构类型相比，早期汉语儿童“不+谓词性结构”涵盖了前者的“不+动词（+宾语）”“不+副词+动词（+宾语）”“不+助动词（+动词）”“不+把字短语+动词”“不+形容词”“不+程度副词+形容词”“介词短语+不一样/不同”这7种类型。原则上，成人“不”的否定结构中C类“不+形容词+动词”、H类“不+被字短语+动词”、L类“不+比况短语+形容词”可归入“不+谓词性结构”，不过，考察1;02－3;04岁前的儿童语料时，本书并未发现这三种类型，这与张云秋（2006）的考察结果大体吻合。

动词+不+补语。该类型也可以看作是否定副词“不”插入动补结构中。周国光（2002）归纳的类型名称是“（主语）＋述语＋不＋补语”，并分出4种情况：（1）（主语）＋述语＋不＋动词；（2）（主语）＋述语＋不＋趋向动词；（3）（主语）＋述语＋不＋过/上；（4）（主语）＋述语＋不＋补语。因补语成分的不同，造成了四种类型的细微差异，进而影响了“不”的语义上的不同，一种是表示主观上不能做到某事，另一种是由整体句式结构所生发的“比较”意义。例如：

（30）肉也吃不动。（Tong，1;11）

（31）妈妈，我捡不到那球啊。（Tong，2;03）

（32）这怎么弄不出来了呀？（Tong，2;04）

（33）它怎么站不稳呀？（Tong，2;09）

（34）这车又有问题，咦，怎么老是这钥匙都插不进去啊？（Tong，3;00）

（35）我看不见那硬币了。（Tong，3;02）

（36）妈妈，这窗户也打不开了。这窗户本来是能打开的。（Tong，3;03）

（37）我来打，我来打。你打不过我。（2;05）（周国光，2002）

“动词＋不＋补语”与“动词＋得＋补语”两种句法结构相对立，例如，吃不动——吃得动，捡不到——捡得到，弄不出来——弄得出来，站不稳——站得稳，插不进去——插得进去，看不见——看得见，打不开——打得开，打不过——打得过。这种类型在儿童2岁以后大量出现。

根据周国光考察的儿童语料，“不＋动词＋补语”结构出现得较早，“动词＋不＋补语”稍微晚一些。这说明否定词“不”的句法位置发生了后移，即从谓语动词之前移到了谓语动词之后。“不”句法位置的移动和否定焦点的调整有关。李宇明（2004：178）指出：“当否定词处于句首时，其否定域是整个句子，否定的焦点不明确。当否定词后移到句中或句尾，其否定域可能是整个句子，也可能只是句中的某一个或某一些成分；否定域的变化必然带来否定焦点的逐渐明确化，特别是正反相叠结构的使用，更是显示了否定词的聚焦作用。因此，否定词的后移，不仅是否定词所拥有的句法位置的发展，而且也是儿童的否定焦点渐趋明确、否定能力逐渐发展的表现。”

谓词$_1$＋不＋谓词$_1$（“不”正反重叠式）。否定词“不”前后的谓词采取用重叠形式，这里的谓词可以是动词，也可以是形容词。例如：

（38）要不要鲫鱼？（Tong，1;08）

（39）这吃了牙齿疼不疼？（Tong，2;04）

（40）妈妈，我来试一试我的鞋软不软。（Tong，2;06）

（41）今天上不上学？（Tong，2;06）

（42）妈，你看我飞得快不快呀？（Tong，2;09）

（43）爸爸，是不是……我周末是不是去医院了呀？（Tong，2;10）

(44) 粘这里吧，好不好？这里吧，好不好？(Tong，2;10)

(45) 小熊和小兔子都喝药吧，行不行啊？(Tong，2;10)

需要说明的一点是，谓词如果是单音节词，直接采取重叠形式即可，如“香不香”“会不会”“去不去”等；如果是双音节词，则是处于首位音节采取重叠形式，如“上不上学”“可不可以”“舒不舒服”“出不出去”“知不知道”等。前面提到，2 岁以后，随着知识水平、认知能力、交际能力的发展，儿童逐步掌握了越来越多的词汇、词类、短语结构，会开始表达一些包含 2 个以上简单命题的复杂命题。李宇明（2004：147－149）指出，儿童在 2 岁至 2 岁半阶段开始向成人语法过渡，开始建立句子的基本模型，即“S—V—O”型的主谓宾结构。“这种结构是一种最为主要的句子结构模型，可以在此结构模型的基础上，结合定心结构、状心结构和心补结构等原文的掌握，形成多种简单的或复杂的句模变型。”由于句子中出现了多种修饰语、多种句法结构，或者运用了语序、虚词、表示形态意义的词尾等语法手段，这样一来，句子就能够表达一些较为复杂的、相对完整的命题，从而使句子表意较为复杂化和明显化，而不再像独词句阶段儿童必须依赖语境，才能表达一个较为完整的命题。

通过观察语料发现：在早期汉语儿童话语中，一些含有“不”在内的句模变型结构形式接近于成人语言中一些比较突出的特殊句式，如连动句、双宾句、兼语句、“是”字句、“把”字句、主谓谓语句等。由“不”连接的正反重叠情况大致是：如果是动宾式，直接是动词采取重叠式；若是连动式，一般是前面的动词（包括助动词“会”“能”“可以”等）采取重叠式；若是动补式，一般是补语（动词或者形容词）采取重叠式。如果句子是主谓谓语句（即谓语是由主谓式小句构成），则是小句中的谓词采取重叠式。如果是“是”字句，其否定结构由“是不是”连接。如果是兼语句，其否定结构是兼语前动词（多为使令动词，如“让”等）采取重叠式。部分举例如下：

(46) 我来试一试我的鞋舒不舒服。(Tong，2;06)

(47) 你会不会两个手撑到这样？(Tong，2;08)

(48) 我不记得它香不香。(Tong，2;09)

(49) 要不要把车停在这个旁边啊？(Tong，3;00)

(50) 妈，你看我厉不厉害啊？(Tong，3;00)

(51) 那你喜不喜欢吃啊？(Tong，3;01)

紧缩复句中的“不”。其典型形式是“不……不”“不……就”“……就不”。

前面提到的“不”的几类否定结构，基本上是单句，哪怕是一些特殊句式，由于各个结构部分相互之间还是要发生一定的结构关系，所以仍然属于单句类别。2;06 岁之前，儿童口语中含有“不”的单句形式占据主导位置，不过 2;06 岁之后，“不”的发展进入复合句阶段，最典型的特征是儿童在“不”的否定结构中使用了一些关联词语。例如：

(52) 不是有蛋糕吃，是有水喝。(Tong，2;10)

(53) 车都重死了，我也拿不起来。(Tong，3;03)

(54) 这拿得起来，还是拿不起来啊?(Tong，3;03)

(55) 系上安全带，我就不会翻，我就不会那个飞出去了。(Tong，3;03)

例(52)(54)是选择复句，分别采用了关联词语“不是……是”“还是”，儿童在说话时提供了两种可能，并要求从中做出选择。例(53)是承接复句，使用了关联词“也”将前后两个分句连接起来，说明前后两个事情在逻辑上存在顺承关系。例(55)是一个多重分句。由三个分句构成，“系上安全带”提出了一种假设情况，后面分句说明的是可能产生的结果，第一个分句和后面两个分句之间存在顺向推理关系，或者说结构层次上是假设关系，同时后面两个分句之间又是并列关系。所以说例(55)这个多重分句具有假设、并列两种结构关系。

上面特别提到了“不”出现在复句中的一些情况，但这不是本章研究的重点。本章关注的是儿童在紧缩复句中使用“不”的否定结构。周国光(2002)指出，紧缩结构中“不”的结构始现于2;05岁，前后两项的关系多为条件关系、假设关系、因果关系等。例如：

(56) 我再玩一下就不玩了。(2;05)(周国光，2002)

(57) 不插钥匙不能开动。(Tong，3;00)

(58) 嗯。不会不高兴的。我高兴的。(Tong，3;01)

(59) 不会钓不起来。(Tong，3;04)

(60) 说不好就不吃，说好就好。(Tong，3;04)

(61) 让我搞我就不搞了。(Tong，3;04)

像例(57)(58)(59)(60)中“不……不”构成的双重否定，对于4;00岁以前的儿童来讲，习得难度较大，所以使用频率并不高。朱曼殊、武进之在《儿童对两种“逆向”句的理解和使用》一文中，考察了5～7岁儿童双重否定句的使用状况，结果显示：6;00岁儿童的理解正确率为60%，产生正确率为50%；7;00岁儿童理解和产生的正确率达到80%以上，说明到了7岁左右，儿童才会基本掌握双重否定句。由于“不……不”结构习得难度大，使用频率低，所以不一定每个个体儿童都会准确使用。这也是为什么张云秋等人(2006)在4;00岁前儿童语料中未发现成人结构类型“不+动词+补语+不+动词”“不……不”的原因。

为什么儿童双重否定句的发展要比单重否定句的发展困难很多?李宇明(2004：179)指出原文其中的原因在于：“双重否定句虽然就逻辑意义而言相当于一个肯定句，但是其肯定的意义是依赖于对否定的否定而达成的，因此需要儿童的单重否定句发展到一个较高阶段，才有可能出现双重否定句；而且，双重否定句并不仅仅是否定的否定，同一般的肯定句相比，它还具有特殊的情感作用，带有浓厚的情感色彩。”

周遍性否定句中的“不”。根据周国光（2002）的研究，该类分布始现于3;05岁（本书发现的例子出现在3;00岁），其典型形式是：“谁/什么/一点/这么/怎么+都/也+不”。例如：

（62）叔叔，我见到一个老大的猫，我一点也不怕。（3;05）（周国光，2002）

（63）我什么也不想说。（4;00）（周国光，2002）

（64）你看这个蚊子一动也不动。（4;00）（周国光，2002）

（65）这……这车又有问题，咦，怎么老是这钥匙都插不进去啊？（Tong，3;00）

5.3　“不”的语用类型

5.3.1　儿童语用交流行为

“不”的意义问题，目前主要放在否定句中进行考察，研究角度不同，有的归入语义范畴，有的归入语用问题。朱曼殊（1990：318）将儿童早期否定句归入4种语义范畴。（1）否定物体存在。如“糖糖没了”“没有球球了”。（2）拒绝。如“XX不去打针”“不要睡觉觉”。（3）否认。“不是XX撕的，是人家撕的”。（4）反对。如“爷爷写字头太低，不是这样子的”（学爷爷样子）。在发展顺序上，前两种出现得较早，后两种出现得较晚。

意大利学者沃尔泰拉（V. Volterra）和安提奴其（F. Antinucci）（1986）从语用角度对4名儿童的录音材料进行分析，得出的结论是儿童否定句具有和成人否定句相同的四种述意类型：（1）不要人实施某事。（2）不要人相信某事。从成人的话中儿童会推断出听话人有某种信念或预期，儿童否定了这种预期。（3）拒绝服从某一命令。这种类型前面几乎总是有成人明确的命令。（4）证实或否定听话人的问题。多用于回答成人的是非问句，选定成人提出的两种可能的答案中的一种。沃尔泰拉等认为儿童在1岁半时已经建立了否定句的语用功能。不过，这种语用功能的完善是一个长期的过程，将持续儿童的一生。

实际上，像“否定”“拒绝”“否认”“反对”这样的主观情绪或行为，涉及的不纯粹是语义问题，是反映儿童语用交流行为更多的问题，体现的是儿童语言运用能力。周兢（2009：95）指出，儿童语用交流行为，又称言语行动或者交流能力，主要探讨的是“儿童与他人互动时如何逐步学会表现自己的交往意图，以及儿童掌握不同交往意图类别的发展过程”。大多数研究者认为，“儿童是非常具有社会互动倾向的群体”，即使是在语前阶段，这种交往倾向就已经存在了。前文讲过，婴儿还不会说“不”的时候，就已经能够运用一些声音、体态等非语言手段来表示拒绝或否定，如摇头、扭身、哭叫、挣扎等，这是婴儿与成人交流的一种表现。当语言发生以后，儿童也逐渐开始使用具有一定意义的语言形式来传递他们不同的交往倾向。这充分说明，儿童早期语言带有强烈的交往功能和情绪色彩。所以，应该从语用角度来分析儿童在使用“不”的否定结构时都表现出了哪些言语倾向类型。

5.3.2 “不”的语用类型

尽管朱曼殊和沃尔泰拉、安提奴其的研究角度不同，但类型划分也有交叉的地方。参照国内外学者的研究，“不”的语用类型可归纳为以下几种。

类型一，阻止人做某事。

(66)（情景：儿童和妈妈一起玩汽车）

MOT：汽车走啦?

CHI：红灯不能走。

……

CHI：不要把我的汽车弄倒。

MOT：哦，不要把你的汽车弄倒。

CHI：红灯不能走。(Tong，2;02)

(67)（情景：搭积木玩）

CHI：妈妈，你……你让小汽车过商场。这里面是……不行。不准过来。你要过这里。

MOT：要过哪里啊?

CHI：这里有个检查。不准进那里。在这里，有个检查门要刷卡。

类型二，拒绝服从命令。

(68)（情景：同同拒绝吃白菜）

FAT：同同，来吃个白菜。

CHI：哎，不要。不要。

GRA：快吃。吃。

CHI：不要。(Tong，1;08)

(69)（情景：同同不想给外公唱歌，哭着拒绝）

MOT：同同给外公唱个歌。

CHI：不行。

……

MOT：你唱那个一闪一闪亮晶晶。

CHI：不要。不要。真的不要。（大哭）（Tong，2;07）

类型三，否定听话人的问题。

（70）（情景：妈妈让同同坐椅子上吃饭）

MOT：你饿不饿啊？

CHI：不饿。（Tong，1;08）

（71）（情景：同同喝汤）

CHI：妈妈也喝汤。

MOT：哦。好。好。妈妈也喝。

GRA：烫啊？烫一点对吗？

CHI：不烫。（Tong，1;11）

类型四，不要人相信某事。

（72）（情景：席子上有大扇子，儿童打开扇子）

MOT：这扇子上都有什么呀？哦，你拿把小扇子。

（儿童拿了把小扇子扇风凉快）

CHI：大扇子不好扇。（Tong，3;01）

（73）（情景：争论妈妈手机里的标志是什么）

MOT：这是锁。

CHI：这不是锁。

MOT：这是锁。

CHI：这……这箭头。

MOT：上面的是箭头，下面的是锁。这个是箭头。这两个是锁。（Tong，2;00）

类型五，表示询问，多用于正反重叠结构中。

（74）（情景：玩小汽车）

CHI：我坐这个车，你坐那个车。我这样带小汽车出去玩。你把它……我把它放后备箱，你来开车好不好？好不好？

MOT：妈妈不开车了。妈妈今天受伤了，不能开车。（Tong，2;11）

（75）（情景：同同和小熊小兔子一起玩）

MOT：小心。别把这药摔坏了。

CHI：小熊和小兔子都喝药吧，行不行啊？

MOT：这个药不是喝的，同同。千万不能喝。这个药是外用的，是抹在身上的。喝到肚子里就会毒死。（Tong，2;10）

在前文所述的前四种用法中，“不”的主观否定色彩还比较浓厚。第五种用法中“不”表示主观愿望的否定意思已经非常淡了，也可以说看不出否定的意味。根据周国光（2002）对“不”及其否定结构的考察，儿童语言中出现最早的也是使用最多的是表示主观愿望否定的“不”，该意义是“不”否定范畴中的典型。随着“不”句法分布位置的变化，“不”表主观愿望的否定意义开始淡化，也就是说，从典型的“不”逐渐向不太典型的“不”、边缘的“不”扩散，并逐渐形成“不”的否定系统。

5.4 “不”的误用现象

语料显示，早期汉语儿童在习得“不”字否定结构的过程中存在一些误用现象，突出地表现为两个方面：(1)“不”的句法误用。(2)“不”的过度泛化。下面分别进行阐述。

5.4.1 “不”的句法误用

“不”的句法误用，主要指“不”的句法分布位置有误。一种情形是否定词“不”直接放在名词前面。例如：

(76) CHI：不阿姨。(1;06)（彭小红等，2011）

(77) CHI：不气球。(1;09)（彭小红等，2011）

(78) XYH：快喝。看警察抓你。

CQF：喝了。不警察抓了。(2;00)（张云秋，2006）

这种误用现象在2岁以前的儿童口语中经常发生。李宇明（2004）的研究也提供了一个案例：

(79) 客人：叫我爷爷。

儿童：不爷爷，伯伯。（意思是：不是爷爷，是伯伯。）

客人：为什么？

儿童：（指着客人的胡子）还不老。（李宇明，2004）

另一种情形是，否定副词“不”错误地放置在动词（结构形式是动补式）前面，正确的结构应是“动词+不+补语”。这种情况也多发生在2岁前后儿童的语言中。例如：

(80)（情景：搭积木，积木倒在了地上）

CHI：在这。这摔倒啦。这不摔倒。这摔倒啦。这摔倒啦。怎么摔倒啦？(Tong，1;09)

(81)（情景：妈妈教同同认识超人叔叔）

MOT：你飞得起来吗？

CHI：不飞起来。

MOT：嗯，飞不起来。妈妈也飞不起来。我们是正常的人。超人可以飞起来。（Tong，2;01）

(82)（情景：玩积木搭桥）

CHI：还……还……一个桥都不看见。三个桥怎么不看见啊？

MOT：嗯。

CHI：本来有三个桥。本来有一个桥。怎……怎么不看见三个桥啊？

……

CHI：我……我们走这里钻洞。我们走这里钻洞。

MOT：嗯。从这里钻洞。

CH：这不看见了。这不看见，你看。（Tong，2;01）

以上例子中的“不+摔倒”“不+飞起来”“不+看见”，儿童似乎将“摔倒”“飞起来”“看见”看作了一个整体，且看作一个动词来处理，直接前面加上“不”表达否定意思。2岁前后的儿童为什么会发生这类误用问题？可能这个年龄段的儿童受到了语法规则类化的影响。比如，儿童在1;02岁时就开始使用了“不+动词结构”，此后到2;00岁期间该类型被大量频繁的使用，如“不睡觉”“不知道”“不要撒尿”“不理你”“不吃饭”等。前面说过，根据周国光（2002）提供的儿童语料，这里发现“不+动补式动词”出现得较早，1;05岁时就已经出现了“不下来”“不出来”这样的例子。但是，像“下不来”“出不来”之类的“动词+不+补语”结构形式出现得稍微晚些，本书搜集的语料也证实了这一情况。

“不”的句法位置误用，也侧面反映出早期儿童已经感知到了汉语一些语法规则的存在，并试图运用这些他们熟悉的规则去创造新的语言表达，所以说，正是受到已有组合规则的影响，进而出现了语法类化现象。但这种类化现象还是不系统的，只是个别词语才会出现“不”的位置误用。语料显示，2;00岁左右，儿童同时还使用了大量正确的“动词+不+补语”形式，如“拿不到”“吃不动”“下不来”“穿不起来“等。需要说明的是，“不”的这种句法误用现象不会一直持续下去，大约在2;06岁，儿童就会意识到这种错误的表达与正确的规则形式不匹配，然后会逐渐纠正这种误用现象，并将否定副词“不”从谓语动词之前的位置后移到补语之前的位置。

5.4.2　“不”的过度泛化

从我们已收集的儿童语料发现，“不”和“没有”出现时间相同，均始于1;

02岁。在10名1;02岁儿童的语料中，带有“不”的例子共4例，其中3例为“不要”，1例为“不睡”（5.1.2小节已举例，下引1例）。带“没有”的例子仅1例。

(83)（情景：妈妈哄儿童睡觉，儿童不愿意睡觉）

MOT：拍拍它（指大熊猫），让它睡觉。唱“摇啊摇”叫它睡觉。拍拍熊猫，像飞机一样，飞机回家了吧。好好来，像飞机一样睡觉。

CHI：不睡。(Zhou1/Haohao，1;02)

(84)（情景：盒子里装有红白蓝三种颜色的球，妈妈让儿童看下除了球还有什么）

MOT：你看这盒子里还有什么？有没有？

CHI：没有了。(Zhou/Congcong，1;02)

然而，从1;02~2;06岁整个年龄区间来看，儿童对“不”的使用明显占有强势地位。据傅满义（2002）考察显示，1~5岁儿童口语中“不”的使用频率最高，高达83.5%，而“没”仅占15.6%，“别”占0.9%。也就是说，在儿童2;06岁之前，“不”的习得出现了过度泛化现象，即在本应该使用“没”“没有”“别”等否定词的地方，儿童却倾向选择使用否定副词“不”。也可以说，“不”和“没（有）”的习得出现了分工误用。例如：

(85) INB：那东东是不是坏蛋？

CHI：没有。(ZHZ，1;08)（彭小红、易叔儒，2011）

(86)（大人要给儿童把尿）不有尿，不有尿。(LXY，1;09)（张云秋等，2006）

(87)（儿童吃橘子）这个不籽。(WSY，1;11)（张云秋等，2006）

(88)（儿童指着水壶问妈妈）这个有不有水？(WSY，1;11)（张云秋等，2006）

(89)（儿童拿着玩具钢琴）不有电。不用电。妈妈装电池。(WSY，2;02)（张云秋等，2006）

一方面，否定副词“不”和“没有”出现分工误用，说明2;06岁以前的儿童还不能够清楚地意识到“不”和“没有”用法的区别。虽然“不”和“没有”都可以表示对动作或状态的否定，但二者还是存在明显的语义差异。吕叔湘（1999：383）在《现代汉语八百词》中做了辨析道：“‘没有’用于客观叙述，限于指过去和现在，不能指将来。‘不’用于主观意愿，可指过去、现在和将来。”2;06岁之前，儿童频繁地使用表示主观意愿的“不”代替表示客观叙述的“没有”，这一言语特点与早期儿童的思维特点有密切关系。早期儿童的思维是以自我为中心的，其言语往往带有强烈的情绪色彩。可以说，表达主观意愿或者情感是早期儿童言语交际的最大功能或者首要任务。而“不”的语义否定功能恰好是主要用于主观否定，这一语义功能特点又恰好满足了儿童言语交际的最大需求。这样看来，便不难理解为什么“不”在早期儿童口语中容易出现过度泛化的现象了。

另一方面，否定副词“不”和“没有”出现分工误用，也充分说明儿童语言中否定词的使用具有明显的不对称性，也就是说，从使用频率来看，“不”>“没有”>“别”。这种现象不仅发生在儿童语言中，在成人语言中也是如此。石毓智（2001：68）在《动词逆序词典》中收集到了103个否定词构成的否定结构共计94例，其中带“不”的否定结构55例，带“没”的否定结构19例，其他词构成的结构有20例。张云秋（2006）等人认为，儿童语言和成人语言中“不”的泛化现象以及否定词使用的不对称现象，可能与否定范畴的性质及“不”语义特征有关，“以动词性词语的否定为例，尽管‘不’和‘没’分别表达了否定者对所否定事件的意志性和非意志性，但就否定本身来看，只要否定事件，就不可能不含括一定的主观意志，所以，否定范畴具有一定的主观性，而这一点又和‘不’在众多否定标记中的分工很吻合，所以，在实际语篇中‘不’出现的频率就高于‘没’。”这一论述也侧面印证了本章所提出观点（“不”满足儿童主观意愿交际需求）的准确性和可靠性。

2;06岁以后，随着儿童认知能力和言语能力的发展，儿童语言中很少出现“不”的过度泛化现象，基本上已经能够解决“不”的句法位置问题，能够对“不”字否定结构进行合乎语法规则的句法和语义调整，如“不吃完——吃不完”和“有不有——有没有”。这是早期儿童否定能力进步的表现，也是早期儿童否定句发展必经的过渡阶段。随着年龄的增长，“不”字否定结构的发展会日趋成熟，只是双重否定句的发展还要持续经历一个漫长的阶段。

5.5　“不”的习得机制

儿童为什么能够在那么短的时间内快速地习得“不”的各种类型？这背后关涉的是汉语儿童“不”的习得机制问题。在描述“不”的习得机制之前，有必要先对儿童语言研究史上出现的儿童语言习得机制的一些基本理论进行全面的、简要的论述。

5.5.1　儿童语言习得机制

关于儿童语言习得机制，国外已有较多研究，也产生了很多不同的理论学派，其中影响比较大的理论假说主要有：行为主义的“刺激—反应论”、以乔姆斯基为代表的“天赋论”、以皮亚杰为代表的“交互作用论”、系统功能语法学派的“功能论”。

5.5.1.1 刺激-反应论

刺激-反应论，又称后天环境论，它以巴甫洛夫（I. P. Parlor）的条件反射和两种信号系统的学说、华生（J. B. Watson）的行为主义学说为理论基础，其核心观点是：儿童掌握语言，是在后天的环境中通过学习获得语言习惯的。语言习惯的形成，是一系列“刺激—反应”（Stimulus—Response，简称 S—R）的结果（李宇明，2004：29－30）。该理论内部又有模仿说、强化说、中介说三种。其中，强化说在 20 世纪 40～50 年代非常盛行，代表人物有斯金纳（B. F. Skinner），他在《言语行为》（*Verbal Behavior*）一书中强调，儿童习得语言主要通过模仿和选择性强化，其期间大致经历了“模仿—增强—重复—形成”这样的习得阶段。经过不断地模仿和反复强化，儿童逐渐形成了一种言语习惯，进而习得了言语能力。该理论最大的缺陷在于：过于强调后天环境的作用，而否定语言潜能的存在，忽视了儿童内在的语言能力。一方面它无法解释婴幼儿模仿语义却能习得语法的问题，另一方面也无法解释语言关键期现象，更解释不了儿童语言的创造性，即儿童能够在很短的时间内说出很多未曾说过的句子，创造出新的词组、句型和符合特定情境的恰当的表达方式。从 20 世纪 60 年代开始，该理论遭到了强烈抨击（管群，2016；匡芳涛，2010）。

5.5.1.2 天赋论

与后天环境论相对立的另一派观点是天赋论，它强调先天遗传和生物机制的作用，该理论内部又有“先天语言能力说”和“自然成熟说”。其中颇有影响力的是以乔姆斯基（N. Chomsky）为代表的“先天语言能力”说，其核心观点是：主张儿童一生下来就具有语言能力，一生下来就具有一个专门处理语言的内部机制，即语言习得装置（Language Acquisition Device，LAD）。不同的语言之间具有共性，人的大脑中天生就具有普遍语法（Universal Grammar，UG），UG 是由原则和参数两部分组成，儿童习得语言的过程就是参数设置或调整的过程。

这一理论“从生物学的视角认为儿童语言发展是由基因决定的”“不同语言的母语习得具有一定的共性”（张云秋，2014），能够很好地解释儿童为什么可以在任何一种语言环境下习得任何一种语言。但是，该理论颇受争议，它注重遗传的决定性作用，将儿童习得语言的根本原因归结于语言习得机制（LAD），但却无法解释儿童语言习得机制是如何运作的，同时也低估了后天语言环境和历史文化的作用。

5.5.1.3　交互作用论

交互作用论强调主客体（即儿童与环境）的相互作用，以皮亚杰（Piaget）的认知理论为基础，认为儿童具有先天的认知机制，这种认知机制不同于乔姆斯基的语言习得机制，它适用于包括语言习得在内的人类的所有认知活动；认为不是语言决定认知，而是认知决定语言。认知能力只有发展到一定程度，才会出现语言，所以才会有一个所谓儿童前语言时期；认为“儿童的语言发展，是儿童主体因素和客观环境因素相互作用的结果，是通过同化和顺应不断地从一个阶段发展到一个新的阶段的过程”（李宇明，2004：50）。

交互作用论是当前儿童语言研究中较有影响力的理论，它吸收了先天论和后天环境论的合理部分，强调了先天认知机制和后天环境的相互作用，承认先天和后天相互作用是儿童语言习得必不可少的因素，这是其合理的一面。问题在于，针对先天和后天是如何交互作用的，这一理论却未能给出有力的解释，还需要大量的工作深入探究。

5.5.1.4　功能论

近些年来，语言功能论也颇为流行，主要以英国语言学家韩礼德（M. A. K. Halliday）为代表，它认为语言的功能就是用来交际的，儿童使用语言的功能可归纳为以下 7 种。(1) 工具功能，指儿童使用语言来获得所需要的东西；(2) 调节功能，指儿童使用语言来控制他人的行为；(3) 交往功能，指儿童使用语言与周围的人交流；(4) 表现自我功能，指儿童通过语言表达自己的独特性，希望引起别人的注意；(5) 启发功能，指儿童使用语言来探索周围世界，弄懂为什么是这样或那样；(6) 想像功能，指儿童使用语言进行表现、创造；(7) 表达功能，指儿童用语言向别人传达信息。儿童正是在以上功能的使用中习得了语言。

但是，儿童并不是同时习得了这 7 种功能，而是语言发展早期使用前几种功能，之后才能自如地使用较为复杂的功能。以上七种功能能否完整地解释儿童对语言的所有使用，值得我们进一步探讨。另外，韩礼德把语言习得的过程看作是儿童掌握语义体系的过程，但关于儿童又是如何习得语法体系的这一问题，他并未做出进一步的揭示（匡芳涛，2010）。

“刺激-反应论”“天赋论”“交互作用论”“功能论”，这四种理论在解释儿童语言习得的某一方面都具有不可否认的合理性，但也不可避免地存在缺陷。没有一种理论能够达到绝对完美无瑕的地步，在解释儿童习得“不”的问题时，当然也可以采众家之所长，正如张云秋（2014：254）所言：“争论哪一种理论正确与否意义不大，关键是要了解各种理论的真正内涵，看看它们在母语习得过程中各自作用到哪些层面，然后决定研究过程中的取舍；同时，看看不同的习得机制或动因之间是否有正相关或反相关的共变关系等等。”

5.5.2 “不”的习得机制

我们已搜集到的自然语料及相关文献研究显示，汉语儿童早期对“不”及其否定结构的习得，并不是孤立的、单一的因素在发挥作用，而是诸多因素相互作用的结果，内在的因素如受制于遗传基因的语言习得机制、认知能力，外在的力量如输入频率，以及基于交际意图的功能推动。下面我们从几个重要的方面简要阐述。

5.5.2.1 遗传因素

从中外儿童习得否定句的总体情况来看，儿童生下来就有一个由遗传基因决定的语言习得机制。这可以从两个方面来证明。一方面，无论说英语，还是汉语，几乎所有的儿童对含有否定词的否定句的习得都经历了大致相同的发展阶段，即语前否定意识阶段、独词句阶段、多词句阶段，再到后来的接近成人语法阶段。具体可概括为：第一阶段，把否定词放在句首。根据美国萨尔克（Salk）生物研究所的贝鲁吉（U. Bellugi）和加州大学圣地亚哥分校的克利玛（E. S, Klima）研究，英语儿童一开始常常把否定词 no、not 放在句首。而根据李宇明（2004）研究，汉语儿童也是一开始把否定副词“不”“没”“没有”放在句首。例如：

（90）No money.（没钱）

（91）不吃。

之后，再把否定词放在主语和谓语动词之前，或者句尾。例如：

（92）I don’t like him.（我不喜欢他）

（93）妈妈不老。

到多词句阶段，对否定词进行句法和语义的调整。“说英语的儿童主要是解决人称的一致和助动词的各种变化形式的问题，汉族儿童则主要是要解决‘不’的句法位置问题，即把否定词从状语的位置嵌进补语中去。”（李宇明，2004：179）

另一方面，汉语儿童对“不”及否定结构的习得、英语儿童对“no”及否定结构的习得，二者的习得过程中都表现出了相似的误用现象。根据张云秋（2006）研究，使用英语和汉语的儿童早期都存在某一否定标记的泛化现象。2岁半前，汉语儿童存在“不”的泛化倾向，而英语儿童则存在“no”的泛化倾向，例如：

（94） * No singing song.

同时，英汉儿童早期都出现了否定标记位置误用现象。2岁半，“汉语儿童存在否定性动补结构中否定标记的前移及主谓结构中否定标记前置的错误”，“英语儿童把否定标记用在句外，即句子的开头或结尾”。例如：

(95) *喝了，不警察抓了。(2;00)

(96) * Wear mitten no.

英汉语言特点不同，但使用这两种语言的儿童对否定副词“不”或“no”及相关否定句的习得表现出了类似的阶段特征，二者的共性表明人类语言结构的基础是相同的，都受到了天生的语言习得机制的制约。

5.5.2.2 认知因素

我们前面对早期汉语儿童“不”字结构的习得过程三个阶段的划分，即“不”的语前阶段（1;00岁之前）、“不”的独词句阶段（1;00－1;07岁）、“不”的多词句阶段（1;08－3;00岁），以及3;00岁以后趋于平稳，再次证明了早期儿童“不”的习得过程是一个连续的、有次序的、有规律的过程。这一语言习得过程与3岁前儿童思维（认知）发展阶段呈正相关关系，语言的发展和儿童思维的发展有着密不可分的联系。

许政援（1994）指出，从儿童1岁前的具体思维阶段，经由1～3岁的直觉行动思维阶段，再到三至六七岁的具体形象思维阶段，儿童思维的抽象概括性不断提高，经历了“从感性到理性、从具体到抽象、从低级到高级的发展过程”。相应的，“不”及否定结构的习得也是按照认知能力发展的这一规律进行的，先掌握比较具体的语义范畴，再掌握比较抽象的范畴；先掌握比较简单的结构类型，再掌握比较复杂的结构类型。5.1.3小节以2岁半为界线，将“不”的多词句阶段划分为简单句阶段和复合句阶段，也是处于认知因素的考虑，因为2;06岁之后，儿童要习得的语义范畴比较多（如比较、情状、假设等），相对来说，主观性和抽象度更强，儿童的认知处理难度会更大，所以“不”的复杂否定结构的习得时间要晚于简单否定结构。这也再次印证了皮亚杰（1980）的看法，语言是儿童认知发展到一定阶段的产物，认知能力发展的顺序和普遍性决定了语言发展的顺序和普遍性，认知水平从低级到高级的发展决定了语言从简单到复杂的习得顺序。

5.5.2.3 语言输入影响

5.4.2小节提到，2;06岁之前，“不”的习得出现了过度泛化现象。据傅满义（2002）语料考察，1～5岁儿童口语中“不”的使用频率最高，高达83.5%，而“没”仅占15.6%，“别”占0.9%。为什么“不”的使用频率会如此高？这和“不”的语言输入有一定的关系。持“刺激－反应论”观点的行为主义者认为语言输入是儿童学习的蓝本，持“天赋论”观点的乔姆斯基则把语言输入看作一种“基本语言数据”（Primary Linguistic Data）。无论哪一学派，都将语言输入看作是儿童习得语言的影响要素，只是各家重视的程度有差异。

一般来说，如果儿童身边的成人在和儿童交流时，成人话语中“不”的输入频率越高，那么儿童话语中“不”的输出频率就越高，也就是说，成人话语中“不”的输入频率和儿童话语中“不”输出频率呈正比。这也是有事实根据的。如张云秋（2014）对一名2;03岁儿童的母亲的儿向语言输入进行了统计，结果发现：这名儿童的母亲在2个小时之内总共说了780句话，其中使用“不”字186次，使用“没”字77次，“不”的输入频率远远高于“没”。最后统计也显示，儿童话语中“不”的输出频率高于“没”。

此外，儿童“不”的习得之所以出现过度泛化的现象，是因为受到了功能需求的影响，前文也提及，表达主观意愿或者情感是早期儿童言语交际的最大功能。而“不”的语义否定功能恰好是主要用于主观否定，这一语义功能特点恰好满足了儿童言语交际的最大需求。M. Tomasello提出过一个“基于用法的语言习得理论”，主要认为儿童习得语言是从理解并表达一定的交际意图开始的，从习得目的来说，是一种功能需求。

5.6 本章小结

本章从五个方面考察分析了汉语早期儿童对“不”的习得情况。从发展阶段来看，汉语早期儿童“不”及其否定结构的习得过程可分为三大阶段：（1）1;00岁之前，“不”的语前阶段。（2）1;00－1;07岁，“不”的独词句阶段。（3）1;08－3;00岁，“不”的多词句阶段。多词句阶段又以2;06岁为界，2;06岁之前为“不”的简单句阶段，2;06岁之后为“不”的复合句阶段。

从分布类型来看，本章以成人语言中“不”的结构类型为参照来探寻儿童否定副词“不”的分布类型，相对而言，儿童“不”的结构类型还没有达到成人语言那样成熟稳定的程度。根据语料情况，早期儿童“不”的结构类型包括这六种：（1）“不”独用；（2）不＋谓词性结构；（3）动词＋不＋补语；（4）谓词$_1$＋不＋谓词$_1$（“不”正反重叠式）；（5）紧缩复句中的“不”，典型形式是“不……不”“不……就”“……就不”；（6）周遍性否定句中的“不”。从语用类型来看，“不”的语用类型可归纳为五种：（1）阻止人做某事；（2）拒绝服从命令；（3）否定听话人的问题；（4）不要人相信某事；（5）表示询问，多用于正反重叠结构中。其中前四种类型里，“不”的主观否定色彩比较浓厚。第五种“表示询问”的“不”表示主观愿望的否定意思已经非常淡薄了。

在“不”及其否定结构的习得过程中，早期儿童还出现了“不”的误用现象，突出地表现为两个方面。（1）“不”的句法误用。一种情形是，否定词“不”

直接放在名词前面。另一种情形是，否定词“不”错误地放置在动词（结构形式是动补式）前面，正确的结构应是“动词＋不＋补语”。（2）“不”的过度泛化。2;06岁之前，“不”的习得出现了过度泛化现象，即在本应该使用“没”“没有”“别”等否定副词的地方，儿童却倾向选择使用否定副词“不”。也可以说，“不”和“没（有）”的习得出现了分工误用。2;06岁以后，儿童语言中很少再会出现“不”的过度泛化现象，基本上已经能够对“不”字否定结构进行合乎语法规则的句法和语义调整。另外，本章还对儿童为什么会出现“不”的误用行为进行了详细的分析。

最后，本章进一步考察了汉语早期儿童“不”的习得机制问题。儿童之所以能够在短短的两三年时间内快速地习得“不”的各种类型（包括分布类型和语用类型），其背后并不是孤立的、单一的因素在发挥作用，而是诸多因素相互作用的结果，内在的因素如受制于遗传基因的语言习得机制、认知能力，外在的力量如语言输入影响以及基于交际意图的功能推动。

第六章　结论

否定和否定词系统是自然语言中不可或缺的表义手段和方式，汉语否定词系统的研究历史由来已久，且取得了丰硕的研究成果。要进一步深入认识和了解汉语否定词及其否定系统，需要对汉语否定词进行全面研究。基于此，本书以汉语常用否定副词“不”作为研究对象，从历时演变、共时描写、儿童语言习得三个不同角度入手，对其进行了系统的分析和解释，并将其与汉语类似否定词“弗”、现代汉语常用否定副词“没（有）”“别”进行比较分析，厘清了“不”的发展源流、语义语法功能、儿童习得特点和规律，从而帮助汉语学习者更清晰地认识此类否定表达。本书的研究，有助于进一步发现汉语否定现象的特点，也在一定程度上影响了汉语语法研究的深度和广度。

作为现代汉语常用否定副词，“不”的产生和发展有着悠久的历史。由于甲骨文时期，“不”多数假借作否定词，“不”的本义逐渐模糊甚至消失。上古汉语中的否定词“不”语法功能较为多元化，可以跟动词、名词、形容词、数词、代词等不同词类组合，用于表达陈述或判断否定。从语义语用上看，“不”较与之类似的否定词“弗”语气稍轻但更为直接明确。此外，“不”的判断性否定用法还影响了汉语选择疑问句和反问句的形成和发展。

发展到现代汉语阶段，否定副词“不”表现得最活跃。本书从用法分布、主观客观和时制时态等方面入手对“不”做了细致的描写探究，并将“不”与常用否定副词“没（有）”“别”进行了比较分析，以努力帮助人们更明晰地把握“不”的特点和本质，并尝试探寻现代汉语否定现象中所蕴含的语言规律。从用法分布来看，“不”有五种情形可用于表达否定意愿，有六种情况可用于表达否定性状。此外，对一些含有“不”的固定格式，如“不X不”“不X也X”“管它/什么X不X”“爱X不X（的）”“不X不Y”“半X不Y”等也作了分析。从主观客观来看，“不”“没（有）”“别”都可以用在表主观和客观意义的句子里，只是“不”和“别”多用于表主观意义的句子中，“没（有）”多用于表客观意义的句子中。主客观意义是由整个句子的意义或者说句子的叙述角度来决定的，而并不是说否定副词本身具有主客观意义。从时制时态来看，“不”可以用于过去时、现在时、将来时、恒常时；但不能用于“完成体——了”和“经历体——过”，满足一定的条件后，如前面与“无时”“无时无刻”搭配时，“不”可以用于“进行体——着”。

除了关注成人语言中否定副词“不”的使用特点和规律，儿童口语中“不”的习得情况也需要引起人们重视，它不仅出现时间早，使用频率也极高。从分布类型来看，早期儿童口语中已出现了六类“不”的结构类型，尚未达到成人语言成熟稳定的程度。从语用类型来看，有的“不”主观否定色彩较浓厚，而有的表示主观愿望的否定意思已经非常淡薄。而且，在整个习得过程中，还出现了“不”的句法误用和过度泛化现象。儿童为什么能在那么短的时间内快速地习得“不”的各种类型呢？这也涉及“不”背后的习得机制问题。

总的来说，“不”是汉语中为数不多的从甲骨文一直沿用到现代汉语中的常用否定词之一。历时发展的不断积累，共时平面化的常态运用，再加上现代汉语否定副词分类等遗留问题，为“不”的进一步描写和解释带来了巨大障碍。同时，由于笔者自身水平和能力有限，本书在语料选择范围、考察角度、描写解释等方面还存在许多不足，如在历时研究部分，未能将“不”放在更广的系统内进行分析说明，缺少对“不”在中古汉语及近代汉语阶段的用法描写分析。在共时研究部分，对于否定副词“不”及其与“没（有）”“别”的比较仅就用法分布、主观客观、时制时态三个方面进行了考察分析，探讨得还不够深入，描述得还不够细致。在儿童习得部分，由于仅考察了 4 岁前汉语儿童的语料，4 岁以后“不”的习得呈现怎样的特点和规律还需要继续追踪。以上问题，也是进一步系统研究汉语否定副词的重要方面，还有待我们更深入地考察。

参考文献

白丁．副词连用分析［J］．中南民族大学学报（人文社会科学版），1986（3）．

白荃．“不”、“没有”教学和研究上的误区——关于“不”、“没（有）”的意义和用法的探讨［J］．语言教学与研究，2000（3）．

布龙菲尔德．语言论［M］．袁家骅，等译．北京：商务印书馆，1980．

卜师霞．关于否定副词“别”是“不要”合音的质疑［J］．中山大学学报论丛，2002（6）．

曹宏．中动句对动词形容词的选择限制及其理据［J］．语言科学，2004（1）．

陈垂民．说“不”和“没有”及其相关的句式［J］．暨南学报（哲学社会科学），1988（1）．

陈柯言．现代汉语口语中否定副词“不”的虚化现象考察［J］．现代语文（语言研究版），2014（3）．

陈立民．汉语的时态和时态成分［J］．语言研究，2002（3）．

陈平．英汉否定结构对比研究［M］//陈平．现代语言学研究——理论·方法与事实，重庆：重庆出版社，1991．

陈平．论现代汉语时间系统的三元结构［J］．中国语文，1988（6）．

陈小荷．主观量问题初探——兼谈副词“就”“才”“都”［J］．世界汉语教学，1994（4）．

陈炜湛．甲骨文“不”字说［M］//陈炜湛．三鉴斋甲骨文论集，上海：上海古籍出版社，2003．

丁声树．释否定副词“弗”“不”［M］//国立中央研究所．庆祝蔡元培先生六十五岁论文集，北京：商务印书馆，1935．

丁声树，等．现代汉语语法讲话［M］．北京：商务印书馆，1979．

段玉裁．说文解字注［M］．上海：上海古籍出版社，1988．

范莉. 儿童对普通话中否定词的早期获得 [J]. 现代外语，2007 (2).

房辉. 流行构式“无X不Y”研究 [D]. 上海：上海师范大学，2018.

冯春田.《睡虎地秦墓竹简》某些语法现象研究 [J]. 中国语文，1984 (4).

冯春田，王群. 副词“别”形成问题补议 [J]. 汉语学报，2006 (1).

傅满义. 儿童语言中的副词 [D]. 芜湖：安徽师范大学，2002.

傅满义. 儿童语言中“不”字否定句的语用考察 [J]. 淮南师范学院学报，2006 (1).

高名凯. 汉语语法论 [M]. 北京：科学出版社，1957.

高顺全. 进行体、持续体的否定及相关问题 [J]. 世界汉语教学，2003 (4).

高思曼. 否定词“弗”的句法 [J]. 古汉语研究，1993 (4).

龚千炎. 谈现代汉语的时制表示和时态表达系统 [J]. 中国语文，1991 (4).

龚千炎. 现代汉语的时间系统 [M]//语言文字应用研究论文集（Ⅱ），北京：语文出版社，2004.

龚千炎. 汉语的时相时制时态 [M]. 北京：商务印书馆，1995.

关楠. 汉语印尼语否定形式的对比研究 [D]. 杭州：浙江大学，2015.

官群. 儿童早期语言天赋：来自国际研究前沿的证据 [J]. 学前教育研究，2016 (8).

国家语言文字工作委员会汉字处. 现代汉语常用字频度统计 [M]. 北京：语文出版社，1989.

郝雷红. 现代汉语否定副词研究 [D]. 北京：首都师范大学，2003.

郝敏，黄胜兰，朱丽艳. 现代汉语否定副词修饰名词及其社会语言学观照 [J]. 枣庄学院学报，2010 (1).

何乐士，等. 古代汉语虚词通释 [M]. 北京：北京出版社，1985.

何乐士.《左传》否定副词“不”“弗”的比较 [M]//高思曼. 第一届国际先秦汉语语法研讨会论文集，长沙：岳麓书社，1994.

何乐士. 古代汉语虚词词典 [M]. 北京：语文出版社，2006.

何乐士.《左传》语法研究 [M]. 开封：河南大学出版社，2012.

何阮恒娥. 汉越否定式的对比研究 [D]. 长沙：湖南大学，2012.

贺倩. 否定副词“不”和“没”的用法辨析 [J]. 亚太教育，2015 (1).

侯学超. 现代汉语虚词词典 [M]. 北京：北京大学出版社，1998.

胡附，文炼. 句子分析漫谈 [J]. 中国语文，1982 (3).

胡清国.“不客气”和“别客气”比较研究 [J]. 华南农业大学学报（社会科学版），2010 (1).

胡裕树，范晓. 试论语法研究的三个平面 [J]. 新疆师范大学学报（社会科学版），1985 (2).

胡裕树. 汉语语法研究的回顾与展望［J］. 复旦学报（社会科学版），1994（5）.

胡裕树，范晓. 深化“三个平面”理论的研究［J］. 韩山师院学报，1995（2）.

胡裕树. 现代汉语（增订本）［M］. 上海：上海教育出版社，1995.

黄伯荣，廖序东. 现代汉语（增订三版）上、下册［M］. 北京：高等教育出版社，2002.

黄伯荣，廖序东. 现代汉语（增订六版）上、下册［M］. 北京：高等教育出版社，2017.

黄谷. 论否定副词“不”的单独使用［J］. 四川师范学院学报（哲学社会科学版），2001（4）.

黄河. 常用副词共现时的顺序［M］//北京大学中文系. 缀玉二集：北京大学中文系青年教师学术论文选编，北京：北京大学出版社，1990.

黄景欣. 秦汉以前古代语中的否定词“弗”“不”［A］//赵宪章. 南京大学百年学术精品·中国语言文学卷，南京：南京大学出版社，2002.

黄岳洲.《尚书》“弗”字用法研究［J］语文研究，1986（4）.

江蓝生. 禁止词“别”考源［J］. 语文研究，1991（1）.

焦蕊. 双重否定祈使句“别不X”论析［D］. 武汉：华中师范大学，2005.

金昌吉，张小萌. 现代汉语时体研究述评［J］. 汉语学习，1998（4）.

匡芳涛. 儿童语言习得相关理论述评［J］. 学前教育研究，2010（5）.

李铁根.“了”、“着”、“过”与汉语时制的表达［J］. 语言研究，2002（3）.

李铁根.“不”、“没（有）”的用法及其所受的时间制约［J］. 汉语学习，2003（2）.

李倩倩. 汉语否定副词的发展演变及其语体功能［D］. 银川：宁夏大学，2014.

李笑笑. 否定副词“不”与“没有”的语义比较研究［J］. 散文百家，2015（9）.

李焱，孟繁杰. 禁止副词“别”来源再考［J］. 古汉语研究，2007（1）.

李瑛.“不”的否定意义［J］. 语言教学与研究，1992（2）.

李英.“不/没+V”习得的情况考察［J］. 汉语学习，2004（5）.

李樱君.“不X也X”多角度分析［D］. 杭州：浙江师范大学，2019.

李宇明. 儿童语言发展的连续性及顺序性［J］. 外语学习，1994（5）.

李宇明，陈前瑞. 语言的理解与发生儿童问句系统的理解与发生的比较研究［M］. 武汉：华中师范大学出版社，1999.

李宇明. 儿童语言的发展［M］. 武汉：华中师范大学出版社，2004.

李志贤. 现代汉语否定词“不”和“没（有）”及韩国语否定词比较研究［D］. 上海：上海师范大学，2009.

廖强.《韩非子》否定副词研究［D］. 重庆：西南师范大学，2003.

林裕文. “不”的用法［J］. 语文知识，1956（9）.

刘丹青. 实词的叹词化和叹词的去叹词化［J］. 汉语研究，2012（3）.

刘敏. 汉语否定副词来源与历时演变研究［D］. 长沙：湖南师范大学，2010.

刘娟. 汉越否定对比研究［D］. 上海：华东师范大学，2015.

刘黎. 先秦否定副词“不”、“弗”之比较［D］. 西安：陕西师范大学，2004.

刘珣. 对外汉语教育学引论［M］. 北京：北京语言大学出版社，2002.

刘月华，潘文娱，故韡. 实用现代汉语语法（增订本）［M］. 北京：商务印书馆，2001.

娄雅楠. 三个平面视域下否定副词“不”和“没（有）”的比较研究［D］. 徐州：江苏师范大学，2017.

卢福波. 对外汉语教学语法研究［M］. 北京：北京语言大学出版社，2004.

卢甲文. 副词“不”和“没有”初探［J］. 安阳师专学报，1983（3）.

鲁健骥. 对外汉语教学思考集［M］. 北京：北京语言文化大学出版社，1999.

陆俭明，马真. 现代汉语虚词散论［M］. 北京：语文出版社，2001.

陆俭明. 关于语义指向分析［J］. 中国语言学论丛，1997（1）.

吕叔湘. 现代汉语八百词［M］. 北京：商务印书馆，1980.

吕叔湘. 现代汉语八百词（增订版）［M］. 北京：商务印书馆，1999.

吕叔湘. 中国文法要略［M］. 北京：商务印书馆，1982.

吕叔湘. 疑问·否定·肯定［J］. 中国语文，1985（4）.

吕叔湘，朱德熙. 语法修辞讲话［M］. 北京：商务印书馆，1952.

马建忠. 马氏文通［M］. 北京：商务印书馆，1983.

马庆株. 自主动词和非自主动词［J］. 中国语言学报，1988（3）.

马庆株. 汉语动词和动词性结构［M］. 北京：北京大学出版社，2005.

马真. 简明实用汉语语法教程［M］. 北京：北京大学出版社，1997.

马真. 现代汉语虚词研究方法论［M］. 北京：商务印书馆，2004.

马真. 现代汉语虚词研究方法论（修订本）［M］. 北京：商务印书馆，2016.

孟琮，等. 汉语动词用法词典［M］. 北京：商务印书馆，1999.

聂仁发. 否定词“不”与“没有”的语义特征及其时间意义［J］. 汉语学习，2001（1）.

潘鸿峰. 汉越常用否定词对比研究［D］. 南京：南京师范大学，2008.

潘文国，谭慧敏. 对比语言学［M］. 上海：上海教育出版社，2006.

潘忆燕. 辨析“不客气”与别客气［J］. 黑龙江教育学院学报，2007（8）.

庞真姬. 汉语否定词“不”和“没”与韩国语对比及其教学［D］. 上海：华东师范大学，2006.

彭可君. 副词“别”在祈使句里的用法［J］. 汉语学习，1990（2）.

彭平. 亦谈“不”和“没有”［J］. 成都师专学报，2002（1）.

彭小红，易叔儒. 说汉语儿童早期否定习得误用现象个案研究［J］. 四川理工学院学报（社会科学版），2011（3）.

齐沪扬，张谊生，陈昌来. 现代汉语虚词研究综述［M］. 合肥：安徽教育出版社，2002.

祁文慧. 国外儿童语言研究综述［J］. 南京邮电大学学报（社会科学版），2011（3）.

钱敏汝. 否定载体“不”的语义——语法考察［J］. 中国语文，1990（1）.

璩银吉. 现代汉语否定副词“不”和“没有”［D］. 广州：华南师范大学，2002.

皮亚杰，英海尔德. 儿童心理学［M］. 吴福元，译. 北京：商务印书馆，1980.

邵敬敏. 现代汉语通论［M］. 上海：上海教育出版社，2001.

邵敬敏. 现代汉语通论（第二版）［M］. 上海：上海教育出版社，2007.

邵敬敏，罗晓英. “别”字句语法意义及其对否定项的选择［J］. 世界汉语教学，2004（4）.

沈开木. “不”字的否定范围和否定中心的探索［J］. 中国语文，1984（6）.

沈家煊. “判断语词”的语义强度［J］. 中国语文，1989（1）.

沈家煊. 不对称和标记论［M］. 南昌：江西教育出版社，1999.

沈家煊. 语言的“主观性”和“主观化”［J］. 外语教学与研究，2001（4）.

史锡尧. “不”否定的对象与“不”的位置：兼谈“不”、副词“没”的区别［J］. 汉语学习，1995（1）.

史有为. 汉语“时体”的再认识——以“了”为中心［J］. 语言科学，2017（2）.

石毓智. 现代汉语的肯定性形容词［J］. 中国语文，1991（3）.

石毓智，李纳. 十五世纪前后的句法变化与现代汉语否定标记系统的形成——否定标记“没（有）”产生的句法背景及其语法化过程［J］. 语言研究，2000（2）.

石毓智. 肯定和否定的对称与不对称［M］. 北京：北京语言大学出版社，2001.

石毓智. 肯定和否定的对称与不对称（增订本）［M］. 北京：北京语言大学出版社，2001.

宋春阳，李琳. “别+V+了+Np”句式及相关问题［J］. 汉语学习，2003（3）.

索绪尔. 普通语言学教程［M］. 北京：商务印书馆，1999.

索振羽. 语用学教程［M］. 北京：北京大学出版社，2000.

太田辰夫. 中国语历史文法［M］. 蒋绍愚，徐昌华，译. 北京：北京大学出版社，1987.

全国斌. “别V着!”“别V我!”“别V他!”[J]. 殷都学刊，2000 (2).

丸尾诚. 关于否定词移位对谓宾动词的影响 [J]. 辽宁大学学报，1997 (3).

万莹. 否定副词“不”和“没（有）”的比较研究 [D]. 武汉：华中师范大学，2001.

王翠娥. “半X不Y”格式研究 [D]. 上海：上海师范大学，2013.

王飞华. 关于汉语语法三个平面理论的思考 [J]. 四川师范大学学报（社会科学版），2003 (2).

王红旗. “别V了”的意义是什么——兼论句子格式的概括 [J]. 汉语学习，1996 (4).

王红旗. 动词的特征与“别V了$_1$”的歧义指数 [J]. 语文研究，1999 (3).

王还. 关于怎么教“不、没、了、过”[J]. 世界汉语教学，1988 (4).

王建勤. 汉语作为第二语言的习得研究 [M]. 北京：北京语言大学出版社，1997.

王力. 汉语语法纲要 [M]. 上海：上海教育出版社，1985.

王力. 中国现代语法 [M]. 北京：商务印书馆，2000.

王力. 中国语法理论 [M]. 北京：商务印书馆，1943/1951.

王平平. 现代汉语“半X不Y”格式研究 [D]. 长春：吉林大学，2015.

王欣. “不”和“没（有）”的认知语义分析 [J]. 语言教学与研究，2007 (4).

王志. 儿童语言中否定的发展 [J]. 语言学通讯，1990 (1-2).

魏德胜.《睡虎地秦墓竹简》语法研究 [M]. 北京：首都师范大学出版社，2000.

文贞惠. 现代汉语否定范畴研究 [D]. 上海：复旦大学，2003.

项开喜. “制止”与“防止”:“别+Vp”格式的句式语义 [J]. 语言教学与研究，2006 (2).

向熹. 简明汉语史 [M]. 北京：高等教育出版社，1993.

肖奚强. 现代汉语语法与对外汉语教学 [M]. 上海：学林出版社，2002.

萧辉嵩. 副词“没有”的语义分析 [J]. 辽宁教育学院学报，1984 (4).

萧国政. 谈“不了”[J]. 华中师范大学学报（人文社会科学版），1985 (1).

邢福义. 论“不”字独说 [J]. 华中师范大学学报（人文社会科学版），1982 (3).

邢福义. 否定形式和环境对否定度量的规约 [J]. 世界汉语教学，1995 (3).

邢福义. 词类辨难 [M]. 北京：商务印书馆，2003.

徐连祥. 论名词前加“不”[J]. 辽宁师范大学学报，1999 (4).

许慎. 说文解字 [M]. 北京：中华书局，1963.

许政援．儿童语言和认知（思维）发展的关系［J］．心理学报．1994（4）．

许政援，等．儿童发展心理学［M］．长春：吉林教育出版社，2002．

杨伯峻，何乐士．古汉语语法及其发展［M］．北京：语文出版社，1992．

杨荣祥．近代汉语副词研究：中国语言学文库（第 3 辑）［M］．北京：商务印书馆，2005．

杨荣祥．近代汉语否定副词及相关语法现象略论［J］．语言研究．1999（6）．

杨荣祥．近代汉语副词简论［J］．北京大学学报（哲社版），1999（5）．

杨文全．现代汉语［M］．重庆：重庆大学出版社，2014．

叶蜚声，徐通锵．语言学纲要［M］．北京：北京大学出版社，1997．

本刊记者．语法研究的三个平面理论简介［J］．三明大学学报（综合版），1996（2）．

袁毓林．现代汉语祈使句研究［M］．北京：北京大学出版社，1993．

袁毓林．语言的认知研究和计算分析［M］．北京：北京大学出版社，1998．

袁毓林．论否定句的焦点、预设和辖域歧义［J］．中国语文，2000（2）．

袁毓林．试析中介语中跟“没有”相关的偏误［J］．世界汉语教学，2005（2）．

袁毓林．试析中介语中跟“不”相关的偏误［J］．语言教学与研究，2005（6）．

张爱民．单一否定词移位问题探讨［J］．徐州师范学院学报，1992（4）．

张斌．现代汉语虚词词典［M］．北京：商务印书馆，2001．

张家铭．“不”和“没”用法的辨析及在对外汉语教学中的应用［J］．辽宁工业大学学报（社会科学版），2012（3）．

张万春．否定标记词“不”和“没”的语义及语义指向异同分析［J］．剑南文学（经典教苑），2013（4）．

张文静．现代汉语“无 X 不 Y”构式研究［D］．南京：南京师范大学，2012．

张孝忠．“不”和“没（有）”用法举例——兼与英语“not”和“no”的对比［J］．语言教学与研究，1984（4）．

张谊生．副词的篇章连接功能［J］．语言研究，1996（1）．

张谊生．副词的连用类别与共现顺序［J］．烟台大学学报（哲学社会科学版），1996（2）．

张谊生．现代汉语副词分析（第 2 版）［M］．上海：上海三联书店，2014．

张谊生．现代汉语副词研究［M］．上海：学林出版社，2000．

张谊生．现代汉语副词研究（修订本）［M］．北京：商务印书馆，2014．

张谊生．现代汉语虚词［M］．上海：华东师范大学出版社，2000．

张谊生．试论主观量标记“没”、“不”、“好”［J］．中国语文，2006（2）．

张玉金．甲骨文语法学［M］．上海：学林出版社，2001．

张园．现代汉语否定句的范围及语用考察［D］．北京：北京大学，1988．

张云秋，等. 汉语儿童早期语言的发展［M］. 北京：商务印书馆，2014.

张云秋，王忠玲，肖永华. 儿童使用否定词“不”及其相关否定结构状况的考察［J］. 首都师范大学学报（社会科学版），2006（6）.

赵明. 现代汉语常用否定副词“不”“没（有）”“别”比较研究［D］. 成都：四川大学，2011.

赵薇. 两类祈使句的体特征及其对否定的影响［J］. 南京师范大学学报（社会科学版），2005（3）.

赵贤德. “别”字祈使句非动词性谓语考察［J］. 华中师范大学研究生学报，2004（2）.

赵贤德. “别”字祈使句的主语考察［J］. 柳州职业技术学院学报，2006（1）.

赵元任. 汉语口语语法［M］. 吕叔湘，译. 北京：商务印书馆，1979.

赵则玲. 也谈现代汉语否定副词“不”叹词化问题［J］. 浙江大学学报（人文社会科学版），2015（3）.

智阳阳. 构式“没X没Y”与“不X不Y”对比分析及教学策略［D］. 成都：西南交通大学，2019.

中国社会科学院语言研究所词典编辑室. 现代汉语词典（第4/5/6/7版）［M］. 北京：商务印书馆，2002/2005/2012/2016.

钟少华. “主观—主体”及“客观—客体—对象”的中文嬗变——兼致于光远先生［J］. 学术界，2002（3）.

周国光. 儿童使用否定词“不”及其相关否定结构状况的考察［J］. 语言文字应用，2002（4）.

周兢. 汉语儿童语言发展研究：国际儿童语料库研究方法的应用与发展［M］. 北京：教育科学出版社，2009.

周熙运. “无X不Y”格式及其相关问题研究［D］. 南京：南京师范大学，2011.

朱德熙. 语法讲义［M］. 北京：商务印书馆，1982.

朱曼殊，武进之. 儿童对两种“逆向”句的理解和使用［M］//朱曼殊. 儿童语言发展研究，上海：华东师范大学出版社，1986.

朱曼殊. 心理语言学［M］. 上海：华东师范大学出版社，1990.

HORN L R. A natural history of negation［M］. Chicago：University of Chicago Press，1989.

COOK C. Linguistics and Second Language Acquisition［M］. Beijing：Foreign Language Teaching and Research Press，2000.

VOLTERRA V，ANTMACCV F. 儿童语言中的否定句：语用学的研究［J］. 王志，译. 国外语言学，1986（3）.